中島貞夫監督と歩く

京都シネマスケッチ紀行

大森俊次

かもがわ出版

「映画のある風景」への思い

映画監督　中島　貞夫

大森さんとのおつき合いは多年にわたるが、彼にこのような画才があったことはついぞ知らなかった。共通の友人を介しての食事会で幾度も顔を合わせていても、いつも話題は映画、それも専ら昭和の映画についてだった。とくにその頃、ＫＢＳテレビで「中島貞夫の邦画指定席」なる番組を持っていた。

私が東映の京都撮影所に新米の助監督として赴任してきた頃（昭和34年）、名作の名が高い作品以外にも京都では面白い映画がたくさんつくられていた。なにしろその頃の京都撮影所は大拡張期で、片岡千恵蔵、市川右太衛門と言った戦前からの大スターを筆頭に中村錦之助、大川橋蔵、大友柳太朗、美空ひばりと言った人気スターをずらりと揃えて、まさにわが世の春を謳っていたし、大映の撮影所も長谷川一夫、市川雷蔵、少し遅れて勝新太郎などなど、名実ともにそなわったスター連をようしてヒット作を産み出していた。

ＫＢＳと番組についての話し合いがもたれた時、私の提案は、そうした作品群の中から私の眼で面白いと思った作品を、いささか独善的な解説付きで放映してみてはどうかというコンセプトだった。結果として番組は想定外の長寿番組となり、後半はコンセプトを守ることができない状態になってしまったが、食事会では十分に話題を提供することができた。そうした席でも大森さんはニコニコと皆の話を聞き手として楽しんでいる風情だった。

一方で、京都は映画のふるさとと言われながら、かつて存在していた京都市民映画祭も大映の倒産を機に中断されて久しく、その復活が待たれていた。復活する映画祭はどのような内容にすべきか、ひと口に映画祭と言っても多様である。とくに京都は日本映画発祥の地でもあり、多様にして大量の作品を産み出してきた地である。

いわば日本映画のふるさとだと言える。そうした京都と映画の関係を改めて市民の方々にご理解いただくと共に、当時急速に失われかけていた映画製作の活力を再び生み出す力にしたい。ＫＢＳの番組も実はその映画祭に向けて企画したものだったが、そうした思いからまず取り組んだのが、京都の随所に存在する映画と深い関わりを持った場所を掘り起してみることだった。例えば、日本で初めて映画と呼べる作品『本能寺合戦』を牧野省三氏が撮影した真如堂に記念碑のようなものが設置できないか。あるいは日本で初めて撮影所がつくられたという場所にそのモニュメントが建てられないか。そうした思いは京都市にも通じ、徐々にではあるが京都における映画100年の足跡の視覚化が行われてきた。

いささか話が堅苦しい方向に進んでしまったが、今回、大森さんからスケッチ画の数々を見せられた時、私は驚いた。大森さんの描く風景の中には、京都の映画にこだわる私の思いが描かれている。いや、それは私の思いなどと言う小さなものではなく、京都に集い、映画に己を賭けた数多くの活動屋、映画人の思いと言っても過言ではない。そんな思いが風景として描かれている一枚一枚の画、それは単に懐かしい風景と言うよりも、まずは京都が日本映画のふるさとである、その証しの画だった。

「京都には映画のお化けが住んでいる」、これは私より若いある映画人の言葉であるが、その表現を借りるならば、京都には至るところに「映画のある風景」が存在する。

大森さん、もうひとがんばり、ふたがんばり、あなたのやさしいタッチで描き続けて下さい、京都の「映画のある風景」を。

もくじ

第2章 チャンバラ映画私史

第3章 素浪人の京都そぞろ歩き

第1章

京都シネマ紀行

真如堂

僕は真如堂のすぐそばで生まれ育ち、二十歳ごろまで暮らしていた。とりわけ幼い日、祖母に手をひかれて歩いた真如堂の情景が今も鮮明に記憶に残っている。夏には蝉採りをしたし、「危険！」と書かれた警告看板を尻目に池でもよく遊んだ。チャンバラ映画の撮影に出会ったことも楽しい思い出だ。僕の少年期には時代劇が量産されていたので、スクリーンの中で懐かしい故郷の風景を見つけると、幼い日に駆け戻れることが何より嬉しい。

中島監督が語る

この真如堂は、京都映画史跡というよりも日本映画史にとっても重要な意味を持つ場所です。１８９５年フランスのリュミエール兄弟によって発明されたシネマトグラフが、１８９７年に稲畑勝太郎により日本に持ち込まれ、初めて上映されたのがこの京都の地でした。当初はすでに存在している被写体を撮影した今日風に言えばドキュメンタリー映画でしたが、20世紀に入って牧野省三が、伝統芸能である歌舞伎と新しい時代の科学技術であるシネマトグラフとを結びつけたわけで、これが京都の映画を誕生させたのです。残念ながらフィルムは残っていませんが、１９０８年に牧野が初めて作った劇映画は『本能寺合戦』という時代劇であり、撮影場所がこの真如堂境内であったと記録にあります。２００８年がこの『本能寺合戦』からちょうど１００年目ということで、記念事業のひとつとして「京都・映画誕生の碑」をこの真如堂に建立したというわけです。

京都・映画誕生の碑

元立誠小学校

木屋町通と高瀬川に面し土佐藩邸の跡地にあった元立誠小学校は「立誠シネマプロジェクト」の拠点となり、僕もここで何度か映画を見たりイベントに参加したりした。そうそうこのすぐ近くには、僕が学生時代からよく通った「みゅーず」という名曲喫茶もあった。クラシック音楽と高瀬川のせせらぎが一体となってロマンチックな気分にひたれる店だったが、残念なことに十年程前に閉店してしまい、今では居酒屋風の店に変わっている。

中島監督が語る

リュミエール兄弟が映画を発明した1895年からわずか2年後、シネマトグラフが日本にもたらされたのはひとえに実業家・稲畑勝太郎の功績です。パリ万国博覧会を訪れた稲畑は、フランス留学時代の級友であったリュミエール兄弟から、シネマトグラフの興行権と映写機を購入し帰国しました。そして1897年2月、現在の元立誠小学校敷地にあった京都電燈株式会社の中庭で、日本初の映画試写実験が行われました。ここが日本映画の原点の地とされているのはこうした経緯があるからで、2010年6月には京都市によって「日本映画発祥の地」を示す駒札も設置されました。校舎には京都の撮影所の歴史を振り返る展示スペースが設けられていました、日本映画100周年の2008年には「りっせい・キネマフェスタ'08」も開催されたりしたのですが、ホテルを含む複合施設が2020年開業を目途に建設されることになっています。

「日本映画発祥の地」駒札

島津創業記念資料館

木屋町通を二条から南へ少し入ったあたりは、今も僕がスケッチ散策でよく訪ねるところだ。「一之船入」の石碑が立ち、伏見まで流れる高瀬川の出発点である。酒樽と米俵を積んだ高瀬舟が再現されていて、往時の雰囲気を伝えており、ここで何度かスケッチしたことがある。南を向いて描くことはあったが、北を向いて描いたのは今回が初めてだった。この島津創業記念資料館も描いてみると、なかなか趣きある建物であることに気づいた。

中島監督が語る

日本初の映画試写が1897年2月に行われましたが、映写機と映写技術があっても肝心の電気の供給がなければ試写は実現しなかったのです。明治初年の琵琶湖疎水開削によって、すでに1890年に蹴上水力発電所が建設されていたことも忘れてはなりません。これを基礎に京都電燈株式会社による潤沢な電力提供が実現したのですが、電力を自在に活用するには変圧器というものが必要になりました。ここで登場するのが、島津製作所です。今日ではノーベル化学賞を2002年に受賞した田中耕一さんで有名ですが、島津製作所の協力で製作された変圧器が大きな役割を果たしました。また島津製作所創業記念資料館に展示されている「ストロボスコープ」は、円盤を回転させ外側の穴から覗くと内部に貼られた絵が動いたように見えるもので、映画のしくみがわかります。このように当時の先端技術をはじめとした好条件が相俟って京都で映画が誕生し発展してゆくことになりました。

ストロボスコープ

二条城撮影所跡

僕の妻は二条城のすぐ近くで生まれ育ち、幼稚園から高校までをこのあたりで過ごした。とくに中学校と高校は二条城西側にあったので、通学路でいつも二条城を眺めていたのだろうか。たまたま僕の現在の勤務先が千本丸太町にあり、昼休みの運動によくこの周辺を散歩することにしているが、校舎から聞こえる歌声やグラウンドを駆ける女学生の姿から、妻の青春時代を重ね合わせたりする。二人でよく歩いた二条公園も心いやされる場所だ。

中島監督が語る

1910年、横田永之助は牧野省三と提携して横田商会を起こし、映画を量産するための拠点として京都初の映画撮影所を開設しました。この撮影所は二条城西南隅櫓の西に走る美福通に面した場所に建てられので、「二条城撮影所」と呼ばれました。300坪の敷地に2間×4間（16畳の広さ）の板敷舞台が設けられ、これを開閉自由なテントで覆うという簡素なものでした。当時は照明機材などがなくて自然光で撮影し、キャメラもずっと据え置きなので、狭くても可能だったのかも知れません。この撮影所で牧野省三は尾上松之助を主役に『忠臣蔵』を撮っており、やがて手狭になり「法華堂撮影所」に移るまでの足掛け2年間、京都での映画づくりの役割を担いました。これを歴史に残すため、1997年に「二条城撮影所跡」の石碑が設立されました。

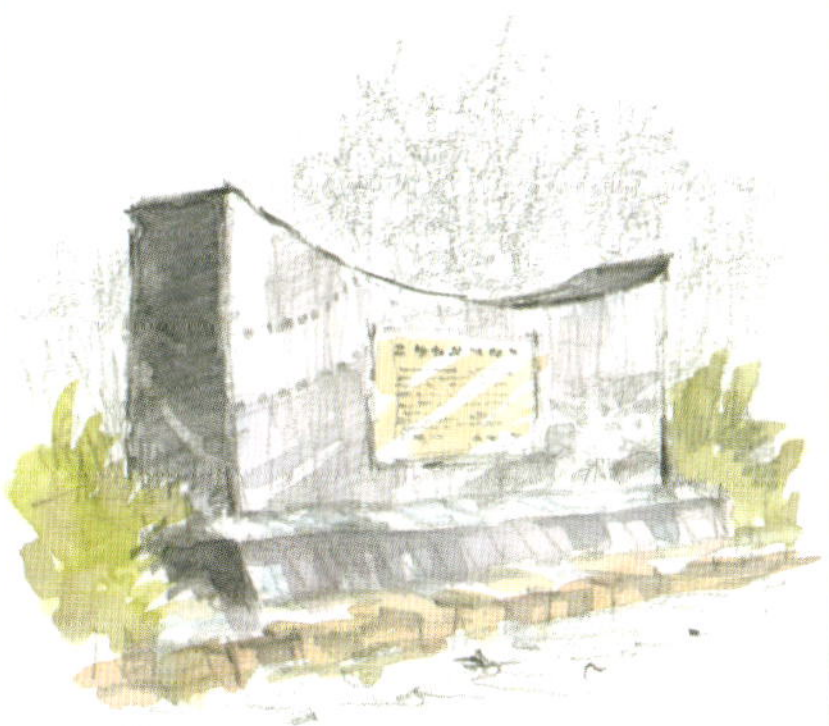

二条城撮影跡・石碑

等持院

足利尊氏は後醍醐天皇の建武新政に敵対した逆賊として、戦前は不人気な歴史上の人物だった。しかし戦後、吉川英治の『私本太平記』で見直され、大河ドラマで真田広之が颯爽と演じたこともあって、今日では評価が高まっている。この等持院は尊氏の墓所となり、方丈西側の霊光殿には足利歴代将軍の木像が安置されている。長女が中学生の時、夏休みの宿題で尊氏を自由研究のテーマに選んだことから、一緒に見学に行ったことも懐かしい。

中島監督が語る

等持院に建つ銅像は、私の師匠の一人マキノ雅弘監督の父親で、「日本映画の父」と言われる牧野省三です。牧野はもともと千本座という西陣の芝居小屋を経営していたのですが、歌舞伎舞台とは違いリアリズムとスピードをもつ活動写真に目を向けました。そしてそれが京都の歴史的景観や伝統文化としての工芸美術などと結びつき、京都での映画づくりとして花開くことになるのです。また牧野は、尾上松之助という映画スター第1号を育て上げ、１９２１年には等持院撮影所（「牧野教育映画製作所」という名称）を建設し、映画技術研究の拠点としました。同時にプロデューサーとしての手腕も発揮し、日本映画の製作全般にわたって基礎を確立したことは大きな功績です。さらに松之助に続く新しいスターとして育てた阪東妻三郎、月形龍之介、市川右太衛門、片岡千恵蔵、嵐寛寿郎たちは、その後の時代劇映画を支えて活躍しました。

マキノ省三先生像

鴨川葵公園

僕は鴨川近くの第四錦林小学校に通っていたから、課外学習や放課後、鴨川へよく行った。大雨の時を除けば、水量は少なくて夏には子供が膝まで入って水遊びができる静かできれいな川だった。鴨川を少し北へ上ると、賀茂大橋が架かり、叡山電車の出町柳駅もある。この付近で賀茂川と高野川が合流して鴨川になるのだ。僕が子供の頃はこの三角州周辺も整備されていなかったが、今や若いカップルや家族連れでにぎわう公園になっている。

中島監督が語る

牧野省三に見い出され映画スター第1号となった尾上松之助は、1875年に岡山で生まれました。各地の芝居小屋で歌舞伎役者をしたり旅芸人として国内を巡ったりした後に、牧野の千本座の芝居に出演していました。1909年に『碁盤忠信』という映画を作ることになった牧野は主演に松之助を初起用しました。これ以降、次々に松之助主演の大衆向け映画を作り、爆発的な人気を博することになります。松之助の人気が高まったのは、様式化した立居振舞いの歌舞伎に対して、動きの速い活動写真が大衆に受け入れられたからです。とくに松之助は早替りや宙乗りなどケレン味ある軽快な動きができる身体能力をもっていました。松之助は51歳という短い生涯の中で何と1000本を超える映画に出演し、それで得た私財を京都府や京都市に寄付し貧しい人たちの住宅建設に役立てたのです。1966年、蜷川京都府知事はこれを顕彰するためこの公園に尾上松之助像を設立しました。

尾上松之助の胸像

二尊院

ひさしぶりに嵯峨野の二尊院を訪ねた。小倉山の麓のこの寺は、若い頃、嵯峨野散策のたびに立ち寄った馴染みの場所だ。総門をくぐってすぐの参道は「紅葉の馬場」として名が高いが、今は冬枯れの時期、ただ「西行法師庵の跡」の石碑周辺の苔がきれいだった。勅使門前の石段に若いカップルが座っている。僕も若い頃、寒い季節をものともせずに、こうして長時間しゃべり続けたものだが、今日は僕ひとり、短時間の写生だけで退散した。

中島監督が語る

嵯峨野小倉山を背景に建つ二尊院も時代劇撮影にはもってこいの場所です。伏見城の薬医門を移築したと言われる総門から、西へのびる石畳の参道は「紅葉の馬場」と呼ばれ、さまざまな映画に登場しますので、皆さんも一度はご覧になっていることでしょう。山腹の墓地には高瀬川を開いた角倉了以や儒学者・伊藤仁斎の墓がありますが、あの阪東妻三郎もこの墓地に眠っています。阪東妻三郎は言うまでもなくマキノ映画が生んだチャンバラ映画の大スターで、とくに激しくリアルな立ち回りが人気を博し、「剣戟王」という異名をとった人です。阪妻の長男・田村高廣もここに葬られています。

阪妻のお墓

化野念仏寺

僕の好きだった作家・立原正秋の小説『あだし野』で、無頼の小説家である主人公が化野念仏寺の石仏を死者に見立てた。もともとここは古代より風葬の地だったので、空海が野ざらしになっていた遺骸を埋葬したことに始まると言われる。そう考えると、約八千体の石仏・石塔群を僕の未熟な絵筆でスケッチすることが憚られ、門前の石段を描くことにした。それにしても外人観光客が多いなあ、以前はここまで来る人は少なかったのだが。

中島監督が語る

八千体とも言われる石仏や石塔の立つ化野念仏寺には、私の師匠の一人である内田吐夢監督ゆかりの「吐夢地蔵」があります。側に立つ駒札にも書かれていますが、これはもともと内田監督が映画『大菩薩峠』の中で使った小道具で、登場人物の下男が彫っていたお地蔵さんでした。撮影後、内田監督はこの未完成のお地蔵さんを自宅の庭に安置し、終生愛でていました。そこで内田監督の死後、映画関係者たちの手でこの念仏寺へ移されて、今日に至っているのです。この『大菩薩峠』をはじめ『血槍富士』、『宮本武蔵』など骨太な作品で知られる内田監督ですが、このお地蔵さんで何か無情感を癒していたのでしょうか。そうそう私の監督作品『制覇』でも、主人公たちの散策シーンをこの石仏群の中で撮影しました。

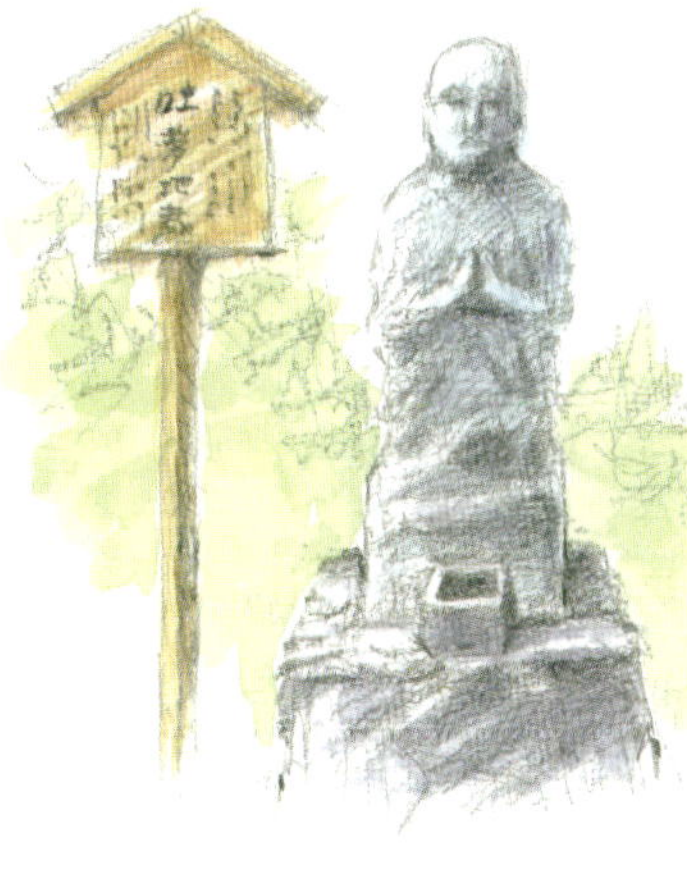

吐夢地蔵

黒谷（金戒光明寺）

僕の生まれ育った真如堂の南隣に黒谷さんと呼ばれる金戒光明寺がある。幼い頃より真如堂から黒谷を通って岡崎へ抜ける道をよく歩いたものだ。その途上にある「会津藩士墓地」を何気なく通り過ぎていたが、この地と会津藩とが深く関わる幕末史を知ったのはもう少し後になってからだった。その頃から時代劇映画のロケーションに何度も出会ったし、今でも新選組が登場する映画で黒谷が映し出されるたびに、幼少期を懐かしく思い出す。

中島監督が語る

真如堂が京都映画誕生の地であることはすでにお話しましたが、この真如堂と一つながりである金戒光明寺も映画ロケでしょっちゅう訪ねたお寺です。南側から高く聳えるような三門、本堂に向かって上がっていく石段など、時代劇には頻繁に使われている景観です。

本堂へ向かう中央階段とは別に、阿弥陀堂の裏手に緩やかな石畳が続く東坂があります。

この坂で撮影したのが、宮尾登美子原作を映画化した『序の舞』です。これは京都の日本画家・上村松園と彼女の母親をモデルにした話ですから、京都が中心的舞台となります。明治期の古い町並を撮れるところがなかったので、四条通御幸町をオープンセットに組んだりもしましたが、やはり京都の歴史的景観が支えになっていました。

文殊塔石段

太秦広隆寺

広隆寺と言えば、日本史では京都最古のお寺と教えられ、弥勒菩薩が有名だ。僕が小学生の頃、この弥勒菩薩の指が折られる大事件が起こった。それが理由かはわからないが、数年前、境内でスケッチしていると、管理人から「スケッチは禁止！」と注意された。少し意地になって西門の外から描いていると、別の管理人が「車の出入の邪魔！」と言ってきた。しかたなく嵐電の走る三条通から山門を描いたが、誰にも注意されずホッとした。

中島監督が語る

太秦はかつて「日本のハリウッド」と言われ、京都映画づくりの中心的役割を果たしていました。その契機になったのは、1923年の関東大震災であり、東京の撮影所が壊滅的打撃を受け、東京の映画人たちが大挙京都へやってきました。その中には後に私の師匠となる田坂具隆、内田吐夢そして溝口健二らもおり、京都一極集中的な映画づくりが始まることになったわけです。そんな時代背景のもとに、牧野省三に育てられた阪東妻三郎が最初に独立プロの映画撮影所をこの太秦に建設しました。これがその後の幾多の変遷を経て、現在の東映京都撮影所へと引き継がれてゆくことになるのですが、阪妻プロに続いて、片岡千恵蔵、嵐寛寿郎、そして日活も太秦に撮影所を作りました。なぜ太秦が選ばれたのかは定かではありませんが、竹藪で覆われた安い土地であったこと、映画セットを作るための材木置場が多くて便利であったことなどの理由が考えられます。

弥勒菩薩

大映通商店街

かつて映画最盛期には俳優さんや映画関係者で賑わっていたこの商店街でスケッチしていた時、映画キャメラマンの宮島正弘さんにバッタリ会い、しばし立ち話に興じた。宮島さんは師匠である宮川一夫さんが撮った名作映画のフィルム修復にハリウッドのマーチン・スコセッシ監督と一緒に取り組んでおられる。別れた後に立ち寄ったグランプリ広場には、宮川さん撮影の『羅生門』が国際映画賞を受賞したことを顕彰する記念碑があった。

中島監督が語る

嵐電太秦広隆寺駅から南西につながる道に大映通商店街という名がついているのは、この町の一角に大映京都撮影所があったことに由来しています。もともと１９２７年に日活の太秦撮影所として建てられたのですが、１９４２年に日活、新興キネマ、大都映画が合併して大映が誕生しました。そして戦後、この大映京都撮影所で製作された黒澤明監督『羅生門』がヴェネチア国際映画祭グランプリを受賞したのを皮切りに、それ以降、吉村公三郎監督『源氏物語』、衣笠貞之助監督『地獄門』、そして溝口健二監督『雨月物語』、『山椒大夫』などこの撮影所から生み出された映画が次々と国際映画賞を受賞し、京都の映画づくり技術が世界的水準にあることが証明されました。太秦中学校校門横にあるグランプリ広場には、『羅生門』が受賞した金獅子像とオスカー像を模った記念碑が立っており、これらの功績に輝いた「大映京都撮影所跡地」の石碑が当時の栄光を語っています。

グランプリ受賞記念碑

京都御所

御所のすぐ東の高校に通っていたので、御所は庭のようなものだった。放課後だけでなく授業をさぼって友達と芝生に寝転がって青空と白い雲を見上げていたり、ベンチでガールフレンドとしゃべっていて自転車に乗ったオッサンに冷やかされたこともあった。昔は長い土塀にもたれることもできたが、今では溝を越えて土塀に近づくだけで、赤外線警報機が鳴響き、びっくりさせられる。それに気づかないと警備員が飛んでくることもある。

中島監督が語る

京都御所は仙洞御所も含めて内部のロケーションには使えません。ただ京都御苑全体で言えば、御所の長い築地塀などこれまでたくさんの時代劇映画でロケーションが行われました。私が監督した映画で印象に残っているのは、『日本暗殺秘録』の中の大隈重信襲撃場面です。これには御所の西側を南北に走る砂利道を使いましたが、この一隅に外務省の門を設置し、大隈の乗った馬車を待ち伏せた刺客・来島が爆弾を投げつけ自決するまでのシーンでした。さすがに爆発場面は京都御苑内では許可されず、別の場所で撮ったものを編集しました。この他、烏丸丸太町近くにある閑院宮邸跡の京都御苑管理事務所の門は、奉行所風の建物としてよく使われています。

築地塀

二条城

僕の大叔母が堀川通竹屋町付近に住んでいたので、祖母や大叔母に連れられて、幼い頃から二条城へよく遊びに行ったが、城内に入った記憶はなかった。初めて二条城奥深くに入ったのは中学生の夏休みに地歴部のヤマモト君と「幕末維新展」を見学した時だ。時代劇のヒーローとして知っていた桂小五郎や坂本龍馬の写真・遺品などがいっぱい並んでいた。大政奉還が行われた大広間も見て、映画と歴史の勉強が結びついたようで嬉しかった。

門を使ったロケーションを行いました。

中島監督が語る

二条城ロケで思い出すことがあります。私が大学を卒業して東映京都撮影所へ入社した1959年のこと、入社後すぐに助監督として参加した松田定次監督の『水戸黄門　天下の副将軍』で東大手門の内側から城内に入ってくる大名行列を撮影しましたが、門のあいだから見える堀川通りのアスファルトを隠すために、道路一面に砂をまいたことが忘れられません。もちろん京都市や警察に届けて交通規制にも協力してもらってのことでしたし、当時は堀川沿いにチンチン電車も走っており、まだまだのんびりした雰囲気でした。何よりも京都が町をあげて映画づくりに協力する良き時代だったのかも知れませんね。後年、私が監督した『真田幸村の謀略』でも唐

内壕と橋

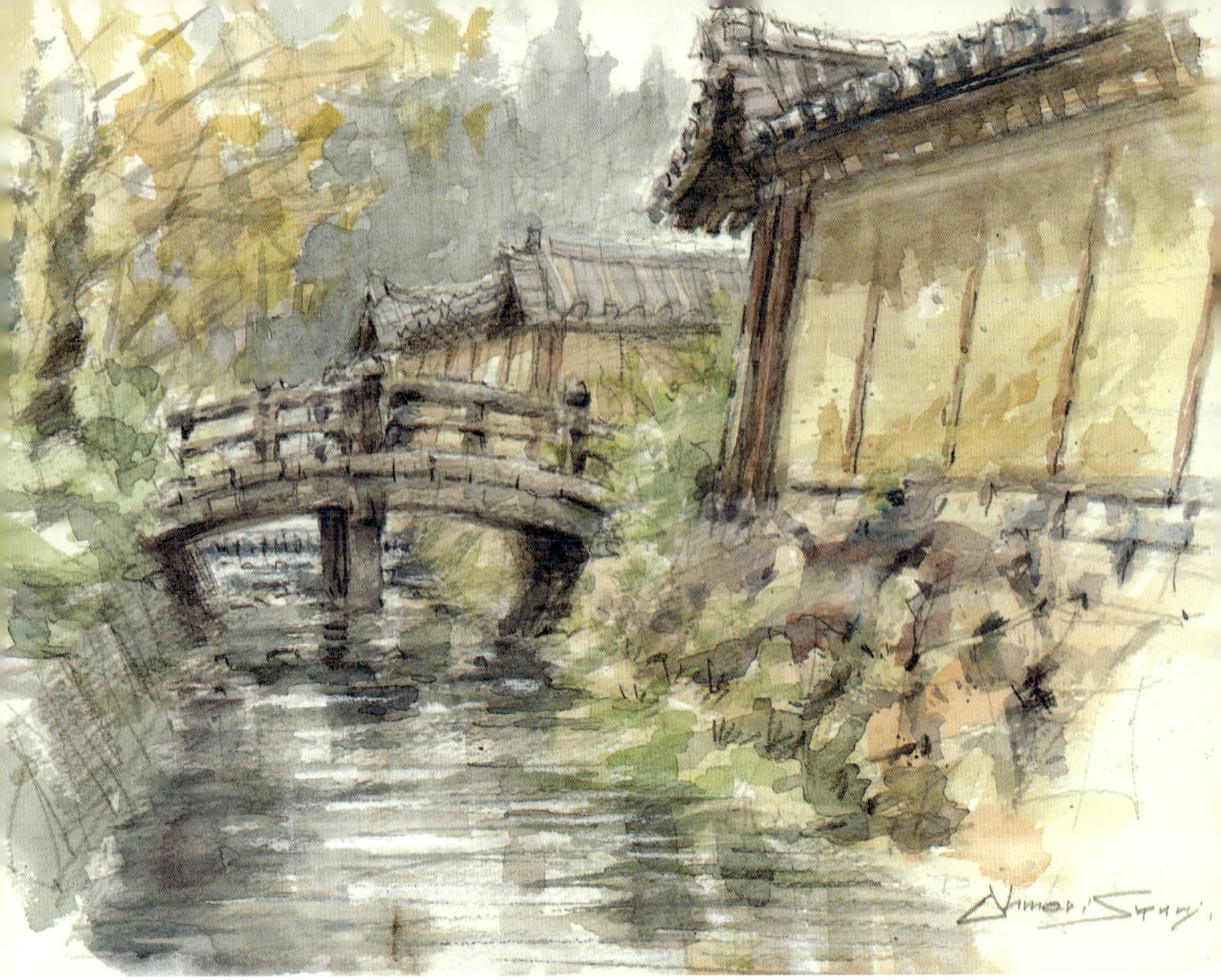

大覚寺

時代劇のエンドタイトルで「撮影協力・大覚寺」という文字が流れることが多い。すぐ東に隣接している大沢池を含めると、今や大覚寺周辺は時代劇ロケーション地として欠かせない役割を果たしているのだろう。僕も大門、明智門をはじめ何回も描いているが、来るたびに違ったスケッチ風景が見つかるのでありがたい。今回は御殿川に架かる勅使門橋を東側から描いてみたが、この掘割を使ったチャンバラシーンをあれこれ思い出した。

中島監督が語る

大覚寺が時代劇のロケーション地としてよく使われるのは、ここへ来れば一カ所でさまざまな風景が撮れるという利点からです。例えば、大門、明智門、勅使門では雰囲気が違って、大名・旗本屋敷から奉行所や代官所、さらには蔵屋敷などに撮り分けができます。手前には石橋の架かった掘割（御殿川）が流れ、隣接して五社明神があり、東には大沢池に面した護摩堂もありますし、北側には鮮やかな朱色の多宝塔も建っています。ことに大沢池は違った角度からキャメラにおさめることで、たくさんのシーンが作れてありがたいロケ地です。例えば東岸の土手を使えば桜並木の大川端になりますし、舟遊びのシーンなどにも使えました。

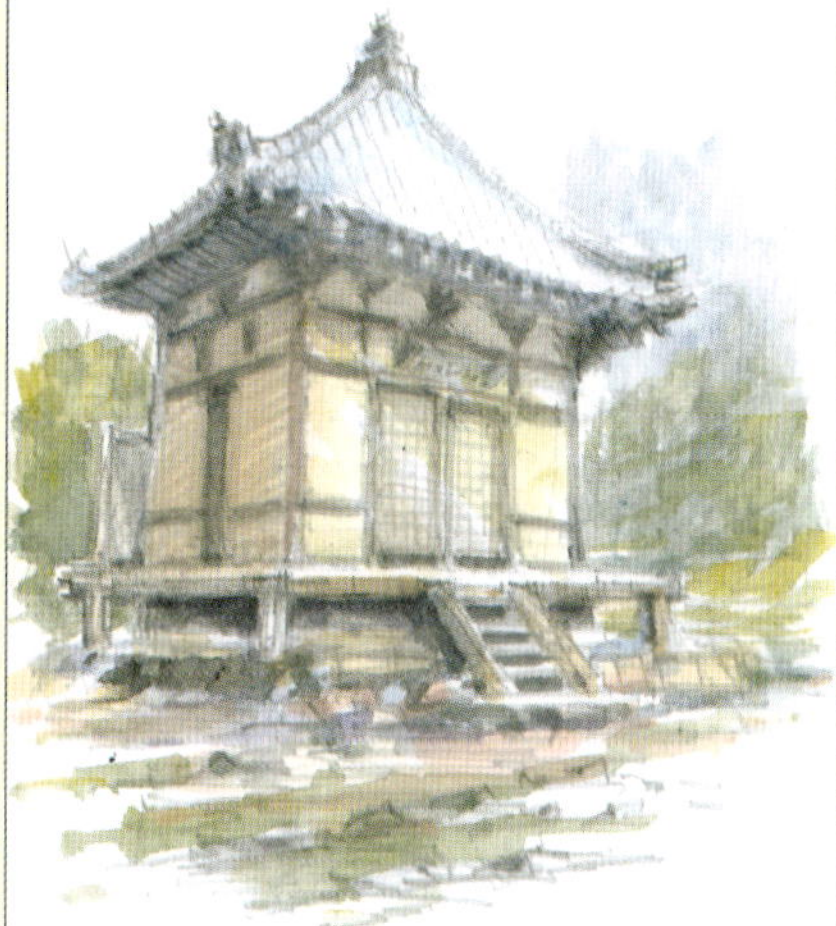

護摩堂

広沢池

若い頃から北嵯峨散策では、大覚寺の奥にある直指庵までよく歩いたものだ。竹林に覆われた直指庵を抜けてまもなく、東へ向かって広がる田園風景にいつも開放感を感じる。キラキラ光る広沢池の水面を眺めながらのこの散策路で何度スケッチをしたことだろう。東岸からは池越しに愛宕山も遠望できて気持良いが、時代劇映画では、侍たちがのどかに釣糸を垂れているかと思えば、血なまぐさい辻斬り事件が起こる物騒な名所でもある。

中島監督が語る

広沢池も時代劇にとって絶好のロケーション場所と言えます。草深い水辺やヌケのよい周囲の景観が開放的な雰囲気を演出してくれます。私もかつて西側の水上に能楽堂の舞台のセットを組んで、広沢池を信州の諏訪湖に見立てて夜景を撮ったり、またある時は東岸に船着場を作って東京湾に見立てた撮影に使ったこともありました。このようにロケ地をどこかの場所に見立てて撮影することで映画が成り立っているわけで、京都の景観を使っていかに江戸時代の各地の風景に見せるか、これが腕の見せどころだと言えなくもありません。元東大総長で映画評論家の蓮實重彦氏が「京都の映画づくりの特長は見立てが巧い」という趣旨のことをおっしゃっているのは、このことを指しているのでしょうね。時代劇だけでなく、私が監督した現代劇でも同様に、京都の街角を広島や沖縄の都市に見立てて撮影しているのです。

観音島の祠

妙心寺

ここは臨済禅の一大勢力・妙心寺派の大本山だ。50近くの塔頭寺院がそれぞれ石畳の路地でつながっており、スケッチポイントも多いはずなのだが、僕が写生に訪ねた回数は意外に少ない。水彩画の川浪師匠も同じことを言っておられたので、その理由を考えながら歩いてみて、ふと思った。白い土塀と黒い瓦、それに松の木が多いため、鮮やかな彩りに欠けるからかもしれないなあ。いやいや、禅寺で色を求めるとは、なんたる修行不足！　喝！

中島監督が語る

嵐電の北野線沿いに京都映画の撮影所の歴史が動いているのは興味深いことです。牧野省三が1921年、等持院近くに「牧野教育映画撮影所」を作ったことは先に述べましたが、やがてさまざまな事情から等持院撮影所は人手に渡ってしまい、牧野は1925年、現在の妙心寺駅前の土地に新たに「マキノプロダクション御室撮影所」を建設しました。ここでの再起を期した牧野は巨額を投じて忠臣蔵の映画化に取り組みましたが、自宅の火災で編集中のフィルムの大部分が焼失する事件もあり、残ったフィルムを編集して上映することになりました。しかし京都映画史の視点から見て、この御室撮影所でマキノ映画が結実したとも言えるのは、牧野省三の息子・マキノ雅弘がこの撮影所で初監督した『浪人街』が、1928年にキネマ旬報ベストテン第1位を獲得したからです。1929年、これを見届けるかのように牧野省三が世を去り、新旧交代の時期を意味していたのかも知れません。

塔頭石畳

北野天満宮

言うまでもなく菅原道真を祀ったこの天神さんは、学問・受験の祈願で有名だ。かつて受験生だった頃、何人かの友人がここへお参りしていたのを知って、「唯物論を学んだ者が神仏頼みをするとは何事や」と言っていた僕。第一志望の美大に落ちた時、「僕が受からへんかったのは、天神さんへ行かへんかったからや」と不合格を天神さんのせいにしたものだ。そんな「暗い過去」のせいか、ここへスケッチに来ることもあまりなかったのかな。

中島監督が語る

この北野天満宮の境内奥には幕末期の山国隊が寄進した石灯篭があります。牧野省三の父親・藤野斎はこの山国隊の鼓笛隊のリーダーでした。また天満宮の東側には牧野の邸宅がありましたが、火災で焼失し、今は土蔵だけが残っています。牧野省三の功績としてあげておきたいのは、従来「口立て」で行われていた映画撮影にシナリオを導入したことで、直木三十五など作家との交流も深く、寿々喜多呂九平や山上伊太郎ら脚本家を育成しました。牧野が生前に強調していた映画作りの三大原則として、「一スジ、二ヌケ、三ドウサ」という言葉があります。これは第一にスジ、つまりシナリオが大事であること、第二にヌケ、これは今でも「ヌケがよい映像」などと言うとおり、映像技術が優れていること、第三にドウサ、つまり役者の演技や被写体づくりの重要性を指しています。これは現代の映画製作にも通じる原則として、今も京都の映画人に語り継がれているのです。

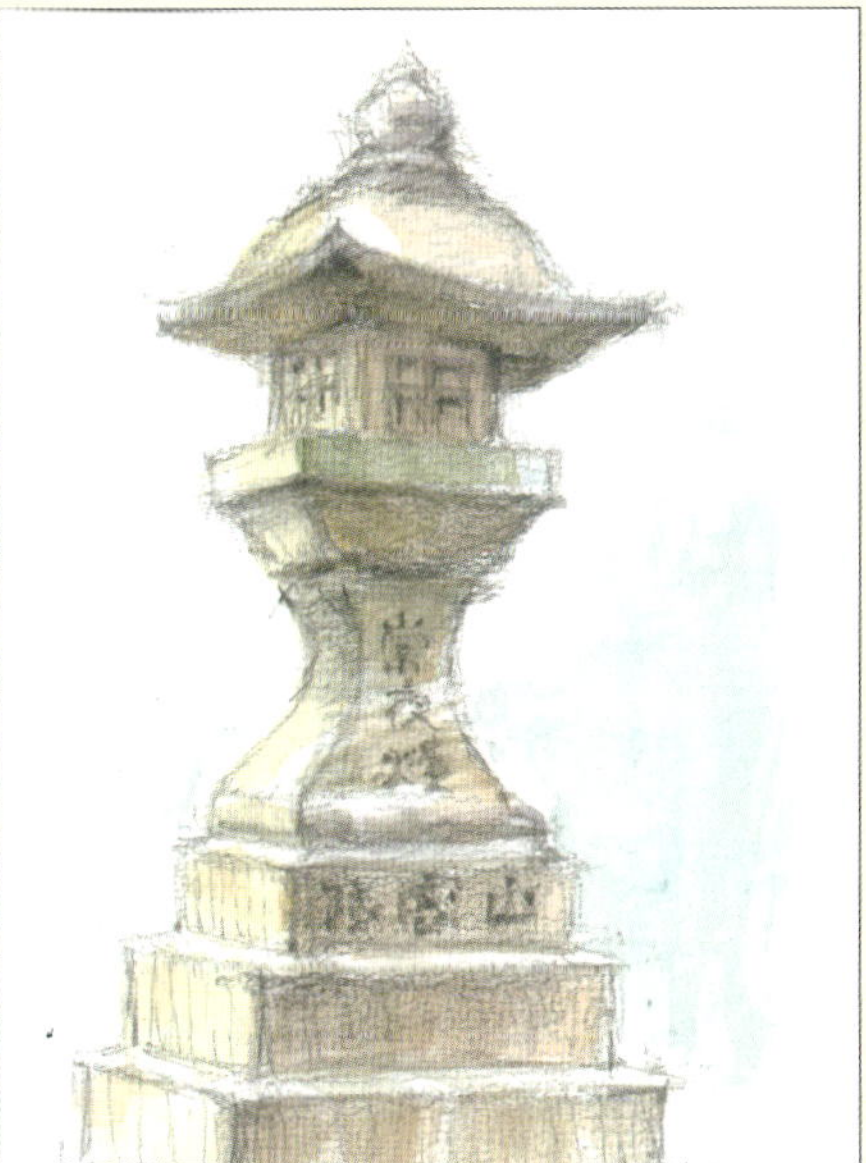
山国隊石灯篭

仁和寺

僕の水彩画の師匠である川浪先生が整形外科医院を閉院し鳴滝に移り住んだ。それ以降、仁和寺は師匠の写生の庭になっており、時々は僕もお供することがある。僕がひとりで行く時も、「影の管長」に了解をもらってからにしている。早い桜が散った新緑の頃、時代劇のロケーションによく使われる九所明神の東側へご一緒することができた。その風貌からして名僧と見紛う人がいてもおかしくない師匠に並んで絵筆を動かす至福の時を過ごした。

中島監督が語る

等持院、妙心寺に続く嵐電の御室駅から北へ向かうと、世界文化遺産であり桜の名所としても知られる仁和寺があります。大きな二王門、広い参道、朱色あざやかな中門、五重塔などの境内風景は、過去も現在も時代劇映画のロケ地として数多くの作品に使われています。二王門から中門に向かう参道は、りっぱな玄関門をもつ武家屋敷が並ぶ風景にぴったりで、松田定次監督『赤穂浪士』の行列シーンなどもここで撮影されています。今でも境内の北側や東側に残る瓦練り込み塀は周囲の草むらや木立を含めてなかなか趣ある風景です。また寺の北裏にあたる成就山の八十八ヶ所霊場巡りのお堂にもいい雰囲気が感じられ、今取り組んでいる新作時代劇『多十郎殉愛記』でも使わせてもらっています。

五重塔

下鴨神社

今春、文化博物館で開催された『ターナー展』で、「並木道、ファンリー・ホール」という水彩画を観た。両側に繁る木立、その影が道に投げかけられた一点消失構図が、僕には下鴨神社の糺の森を想わせた。英国ヨークシャーまで行けない僕、せめてもと糺の森を訪ね同じ構図で描いてみたが、やはりターナーとは程遠い時代劇風景になってしまう。昨秋公開の『関ヶ原』では、岡田准一演じる石田三成が馬を調教したシーンが記憶に新しい。

中島監督が語る

下鴨には松竹の撮影所があったことからも、下鴨神社や糺の森は格好の時代劇ロケ地でした。京都のような大都市のど真ん中にこんな太古からの原生林が残っているのはめずらしいことかも知れません。とくに葵祭に先行する流鏑馬神事でも名高い糺の森の馬場、その西側に広がる叢林、さらには古い池跡といわれる窪地などはさまざまな映画で立ち回りシーンとして出てきます。私が監督した『日本暗殺秘録』でも、大久保利通暗殺シーンは糺の森の西側の道を東京赤坂紀尾井坂に見立てて撮っています。この時に刺客・島田一郎を演じたのが、状況劇場の主宰者・唐十郎だったことも忘れられない思い出の一つです。

瀬見の小川

奥嵯峨竹林

嵯峨野の竹林と言えば、天龍寺から岩田山や大河内山荘に向かうあたりの整備された観光道を思い浮かべるが、時代劇映画にマッチした自然風景としての竹林は、このあたりからはどんどん減っているようだ。広沢池の西岸を北奥へ入ってゆくと、竹林だけでなく雑木林に覆われた景観がまだまだ残っていて嬉しい。一人黙って歩いていると、何やら裏街道を急ぎ足でゆく渡世人気分にひたれて、思わず長い楊枝を咥えてみたくなるくらいだ。

中島監督が語る

広沢池の北からさらに西へ向かう奥嵯峨には、自然風景が残っていて時代劇でよく登場する裏街道の雰囲気が漂っていました。かつて私が監督した『木枯し紋次郎』でも、竹林と雑木林の山中での撮影をこのあたりで行いましたが、現在では観光道路としてアスファルト化され、たくさんあった竹林もタケノコ畑に変わってしまいました。こうして自然風景がどんどん失われてゆくことも、時代劇製作にとっては残念なことです。ただし前作『時代劇は死なず　ちゃんばら美学考』のラストの殺陣シーンや今回の映画『多十郎殉愛記』では、地元の民宿が所有されていてまだ手が加えられていない竹林をロケーションに使わせてもらうことで映像化できました。

竹林の道

保津峡落合

先日、「飯盒すいさん」の意味が分からないという若い人がいてビックリさせられた。今風には「キャンプ」や「バーベキュー」と言うらしいが、ちょっとニュアンスが違うがなあ。まあそれは許容誤差として、僕らが若い頃によく「飯盒すいさん」に行った保津峡も、時代劇映画のロケ地としてよく使われている。とくに清滝川と保津川が合流する落合付近の景観は、山奥の深い渓谷を思わせ、岩場や河原でのチャンバラシーンに最適なのだ。

中島監督が語る

保津峡の自然景観は時代劇にとって格好の舞台になるため、昔から数多くの映画に使われました。

とくに保津川と清滝川とが合流する落合周辺には、急流に沿って峻険な断崖、荒々しい岩場、砂地の河原などの変化にとんだ風景が見られます。七曲りというよくロケに使ったところなど、清滝川をさかのぼって清滝や高雄への道もありますが、このあたりも徐々にアスファルト舗装され、かつてのような風情ある景観は望めなくなりました。ついでの話ながら高雄からさらに奥にある北山杉を伐採するための谷山林道も、時代劇ロケでよく使われる場所です。とくに周山街道を走れば、太秦から比較的近くて立地条件がよいので、街道風景として半世紀前の東映時代劇に頻繁に使用されてきました。

保津川下り

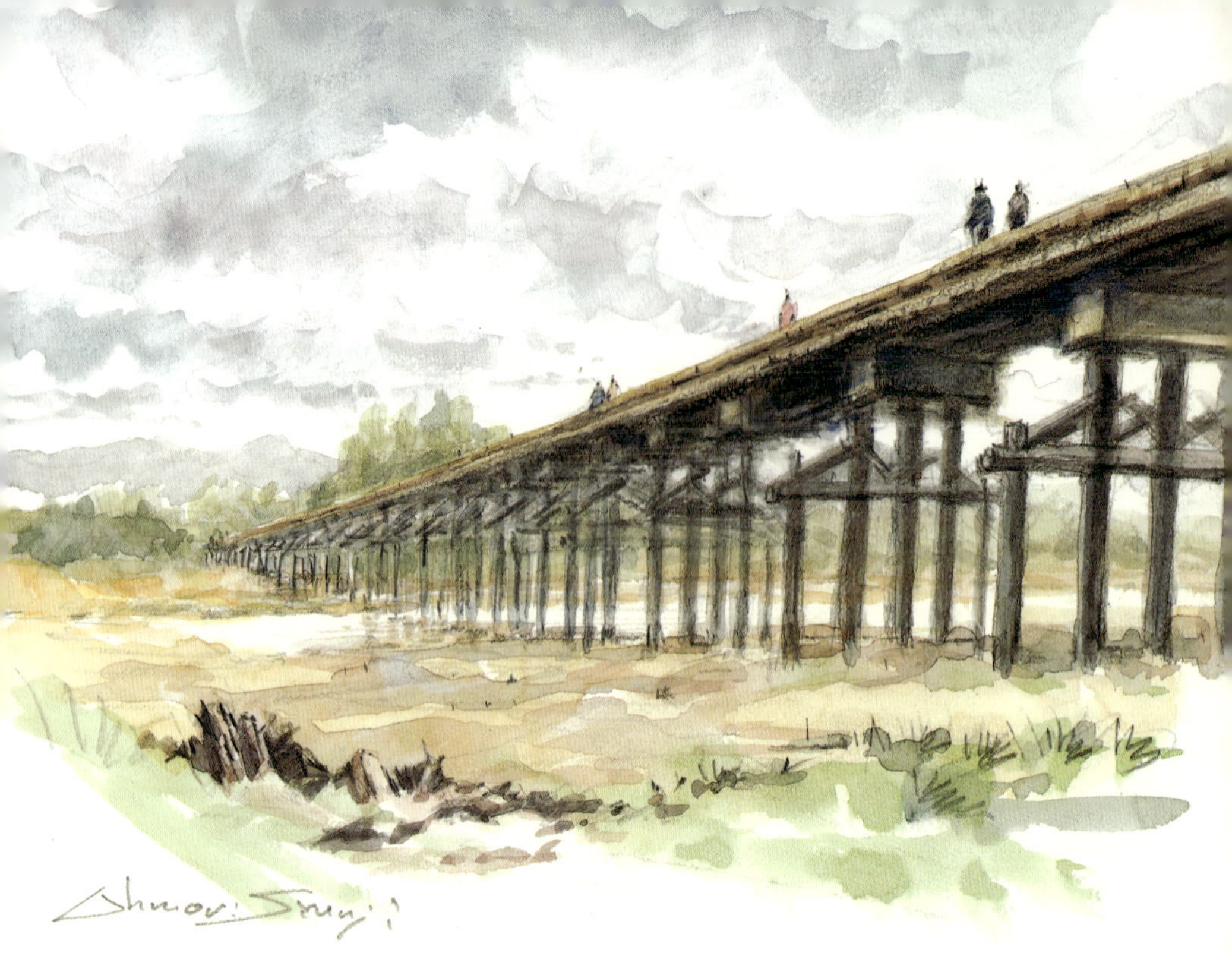

木津流れ橋

「上津屋橋」と言う正式の名を知ったのはつい最近だが、幼い頃から、とにかくたくさんの時代劇映画でこの橋を見慣れていた。資料によると幅は３・３メートル、長さは何と３５０メートル以上ある日本で最長の木橋だ。今回、機会があってスケッチすることになったが、欄干もない長大な橋を中心に描こうとしても、なかなか良い構図が見つからない。うろついているうちに空模様が怪しくなったが、ドラマチックな雲の動きに助けられたみたいだ。

中島監督が語る

この橋は今や有名な橋になりましたが、映画で「木津の流れ橋」として登場したことは一度もないでしょう。すでにお話したとおり、この橋周辺の景観を、さまざまな川や橋に見立てて撮影しているのです。富士山の背景を加えた合成画面で、東海道の橋に見立てることも何度となくありました。私もこれを美濃の長良川に見立てて、木下藤吉郎の墨俣の一夜城づくりのシーンを撮影したことがあります。流れ橋の橋脚を城普請の作業場面に活用したわけですね。木津川はこの少し下流で宇治川・桂川と合流して淀川になりますが、このあたりには葦が生い茂り広い砂地もあり、周囲に高い建物もないので、河川風景として適しているのです。

橋脚

西本願寺

東本願寺は何度かスケッチしたが、これまで西本願寺はあんまり描いていない。物事には上があれば下があり、左があれば右もある。京都人のバランス感覚から考えても、やはり東があれば西もなければと思ったりした。そこで北小路通に面した西本願寺大玄関門をスケッチに訪ねたが、ここは集団抗争時代劇の代表作『十三人の刺客』の冒頭で、明石藩家老の切腹シーンが撮られた場所だ。壮麗さと共に権勢をも感じさせる屋敷門と言える。

中島監督が語る

先日の新聞記事で、西本願寺の国宝・唐門の檜皮葺屋根の葺替えなどの修復工事が行われることが報じられていましたが、この唐門や大玄関門はじめ西本願寺も時代劇のロケ地になっています。とくに北小路通に面した大玄関門は左右に控所を有する豪壮な門で、映画では幕閣や大藩の屋敷として使われました。二度映画化された『十三人の刺客』では、二作とも映画の冒頭に老中・土井大炊頭の屋敷門として明石藩家老の切腹シーンとして登場します。私も『続大奥㊙物語』において、式台玄関などを江戸城中に見立てて撮りましたし、昨年の「京都国際映画祭」のオープニングセレモニーを南能舞台でさせていただきました。

大鼓楼

木屋町通

高瀬川が流れる木屋町通には、幕末動乱の史跡がたくさんある。高校生の頃、『竜馬がゆく』や『燃えよ剣』に出会って以来、司馬遼太郎の本を夢中で読んでいた僕にとって、木屋町通は絶好の歴史散策路であった。四条から北へ向かって歩くと、中岡慎太郎寓居址、本間精一郎遭難地、坂本龍馬寓居址、武市半平太寓居址、桂小五郎寓居址、佐久間象山・大村益次郎遭難碑など、次々と史跡が現れ、そのまま時代劇映画の世界にも入っていける。

千本上長者町

現在の勤務先が千本丸太町角にあるので、昼休みに周辺を歩き回るのを楽しみにしている。この辺りはかつて平安京の中心だったので、西陣の路地を歩くと思わぬところで遺跡に出会う。そうそう日本映画の父・マキノ省三が家業として営んでいた千本座の跡地プレートも見つけた。千本上長者町に建つ千本日活は、昔懐かしい映画館の面影を今も残している。上映しているのが成人向けピンク映画だから、僕には余計に懐かしいのかなあ。

三吉稲荷

大映通商店街の一角にある三吉稲荷。昭和初めにこの地に日活撮影所が建設された時、藪から見つかった御神体を祀ったのが起源と言われる。その縁から神社の周りの玉垣には大河内傳次郎、伴淳三郎など懐かしい俳優の名前が刻まれている。道端にしゃがんでスケッチしていると、近所のおばさんがのぞき込んで、「このお稲荷さんは映画とご縁が深いんどすえ」と話してくれた。この町が日本のハリウッドだったことがきっと自慢なのだろう。

毘沙門堂

山科からの大文字山ハイキングコースの途上、疏水を渡ってすぐのところに毘沙門堂がある。天台宗門跡として由緒ある古刹で、とくに紅葉の名所として有名だ。勅使門に向かう西参道の広い石段に散り積もったもみじ葉の風情が美しい。ここで中井貴一演じる吉村貫一郎と佐藤浩市演じる斎藤一が斬り結ぶ雨のシーンが印象深いのは映画『壬生義士伝』だった。スケッチしながら、そんなチャンバラの名場面を思い出すのは何とも楽しい。

隋心院

小野小町ゆかりの寺として知っていたが、最近まで訪ねたことがなかった。機会があっていってみて驚いた。あたかもデジャブのように、「ああ、そうか、ここやったのか」と思ったのは、時代劇映画で何度も見てきた風景がそこにあったからだ。総門からの参道や長屋門、そして何と言っても薬医門は、大名屋敷や旗本屋敷の表玄関としてしょっちゅう登場する。そうそう、東裏側の土塀沿いの小径も『鬼平犯科帳』で何度か映像化されていた。

長楽館

円山公園に建つ長楽館も、映画ロケでよく使われている。明治後期に建てられた洋風建築だが、平家物語ゆかりの長楽寺から名づけられたのかもしれない。今は若い女性に人気のホテルとして結婚式も行われているらしい。僕はめったに入ったことがないが、何かの折、魔がさして（?）飲んだコーヒーが800円もして驚いた。それ以来、ここへ来ることはあっても、建物外観をスケッチするだけにとどめている、缶コーヒーを飲みながら。

南禅寺

幼稚園児の頃に見た東映チャンバラ映画に『天兵童子』という吉川英治原作の戦国もの3部作があった。この映画の中で、伏見扇太郎演じる主人公の天兵が悪者たちに取り囲まれたのが南禅寺の三門であった。それからしばらくは、南禅寺へ遊びにくるたびに「ここで天兵童子が斬り合いをやったんやぞ！」と名所案内のように友達に自慢気に説明していたものだ。この三門北にある僧堂の南坂の景観は、今でも時代劇映画にたびたび登場する。

大沢池

物覚えの悪い僕、長い間、大沢池と広沢池をよく間違った。さすがに奈良にある猿沢池と混同することはなかったが。金閣寺の裏山の奥には沢池というものもある。「大きい」と「広い」とでは、どちらが上位にランクされるのかと、ふと気になったが、それはさておき嵯峨天皇の離宮に作られた大沢池は、中国の洞庭湖になぞらえた人工池らしい。時代劇映画では、水辺シーンとしてさまざまに使われ、屋形船を浮かべた墨田川にまで変身する。

越畑

　愛宕山の北に越畑という山里がある。運転免許も自家用車も持たない僕がここを訪ねるには、ＪＲ山陰本線八木駅から路線バスに50分も揺られなくてはならない。それでも時々はスケッチに訪ねたい魅力ある場所だ。平安時代に開かれたと伝わる８００枚に及ぶ棚田もきれいだし、茅葺民家も残っている。深作欣二監督の『蒲田行進曲』で、九州人吉に見立ててロケされた「河原家住宅」もある。お昼に立ち寄ったお店の十割そばも美味しかった。

美山

「かやぶきの里」としてすっかり有名になった美山、ここには協同組合に勤務していた頃からの先輩・村岡さんが住んでおられる。定年退職後、自然環境豊かなこの地へ移った村岡さん宅へ何度かおじゃました。たまたま隣りの土地が空いていたので、「大森君も移って来たら」と誘われた。村岡さんのような晴耕雨読の生活に憧れはあったが、運転免許も携帯電話も持たない僕、市バスが走っていない土地ではとても暮らせないと諦めている。

粟生光明寺

向日市に住んでいた若い頃、妻と二人で弁当を持ってこのあたりをよく歩いた。秋の紅葉は見事であったが、今みたいに観光客がどっと押し寄せることもなく、境内散策は自由にできた。この寺の裏手の小径を入ってゆくと大きな森が広がっている。後になって知ったことだが、黒澤明監督がヴェネチア国際映画祭グランプリを受賞した『羅生門』の森の中のシーンはここで撮影された。まさに「藪の中」のドラマにふさわしい雰囲気だった。

上賀茂神社

上賀茂へ行くと、ついつい神社東、明神川沿いの社家づくりの町並を描きたくなってしまう。たまには神社にお詣りしていこうと気負い込んで一之鳥居をくぐっておきながら、そのたびに目を奪われるのは、参道東の木立と社殿奥から流れ出す「ならの小川」なのだ。まずはここで1枚だけと写生帖を開いてしゃがみ込むと、次には逆方向でもう1枚、さらに……と半日過ごしてしまう。というわけで今回もまたお詣りはお見送りとなる次第。

今宮神社

大徳寺を訪ねた後、今宮神社へ寄ってゆくことにした。まずりっぱな楼門があるが、朱色の派手な門はどうも苦手なので見送って本殿へと向う。本殿前は多数の参拝客が行き交うのでパスして、東門へ抜けることにした。東門手前には擬宝珠付朱塗りの太鼓橋があるが、僕の未熟な筆では上手く描けそうもないので遠慮しておく。結局のところスケッチブックを開いたのは、今回も時代劇ロケでお馴染みの東参道両側のあぶり餅屋さんだった。

曼殊院

10年程前、当時僕が勤めていた協同組合の記念行事に歌手の葵ひろ子さんにご出演いただいた。翌日、葵さんを紹介いただいた川浪師匠もご一緒に、紅葉美しい洛北路を散策した。詩仙堂、圓光院から曼殊院まで歩き、曼殊院前の弁天茶屋で昼食に温かいおそばを味わったことも楽しい思い出となっている。今は新緑の時期、紅葉の頃ほど観光客も多くなくて、スケッチしていても邪魔にならず、おむすびを頬張りながら一人の時間が楽しめた。

中ノ島橋

大原野でのご近所スケッチに飽きると、僕の足は時として嵐山に向かう。ここには多様なスケッチポイントがあるが、何しろ四季を通して観光のメッカ、人だかりを覚悟しなければならない。阪急嵐山駅から桂川へ向かって歩くとまず出会うのは、木造の欄干が郷愁をそそる中ノ島橋だ。太鼓橋とも呼ばれ、時代劇映画によく使われ、南側からなら背景に愛宕山も望める。今回は中ノ島土手で描いてみたが、今にも鬼平が橋の上に現われそうだ。

嵐山錦

中ノ島橋を描いた後、大西良慶師の書になる「日中不再戦」碑の前で休憩していると、いつの間にか観光客がどんどん増えている。人々が向かうのは渡月橋だが、その途上の風景も僕には捨て難い。ここには錦という有名な京料理屋さんがあり、親類の法事で一度だけ京懐石をいただいたこともあるが、僕らが普段に気安く入れるお店ではないみたいだ。ただ茅葺の小さな門と竹垣は時代劇ロケでも使われるくらいだから、なかなか絵になる。

渡月橋

桜や紅葉の時期はもちろんのこと、今では一年中、外国人観光客で溢れている感のある嵐山、その中心がこの渡月橋だ。わが家からすぐにこられる嵐山だからしょっちゅう訪ねるのに、なぜかこの渡月橋をじっくり描いたことがない。誰でもが知っている風景は、絵ハガキみたいになってしまうからかもしれない。まあタマにはいいかなと、覚悟を決めてスケッチしたものの、描き終わってみると、やっぱり絵ハガキになってしまったかな。

神護寺

紅葉名所の高雄にある古刹・神護寺は、平安遷都の提唱者であった和気清麻呂の発願で建立された。ここに所蔵されている国宝肖像画をめぐって現在さまざまな論議を呼んでいる。僕らの世代が日本史教科書で「源頼朝像」と言われてきたのは足利直義、「平重盛像」と教えられたのが実は足利尊氏ではないかというのだ。そう言われれば、この肖像画と等持院にある尊氏木像とがよく似ている。これも日本史ミステリーとして興味が尽きない。

第2章

チャンバラ映画私史

1　僕のチャンバラ映画事始

昨年（2010年）、時代劇映画の話題作・大作がたくさん封切られた。古川薫原作「吉田松陰の恋」の映画化『獄に咲く花』、藤沢周平原作の『必死剣鳥刺し』、東映集団時代劇名作のリメイク『十三人の刺客』、吉村昭原作の『桜田門外ノ変』、池宮彰一郎原作の『最後の忠臣蔵』の5本をそれぞれに面白く見た。やはり時代劇は、今でも日本映画にとってかけがえのないジャンルの一つであり、そもそも僕が映画好きになったのも時代劇の影響であった。昭和20年代末～30年代前半の全盛期の時代劇映画を、僕らはチャンバラ映画と呼んでいた。この呼び方には、日本映画発展の牽引力ともなった剣戟映画の伝統を継承しようという当時の雰囲気が反映されていたのかもしれない。

還暦を過ぎた今、僕にとっての「シネマパラダイス」とも言うべきチャンバラ映画について、思いつくままに書いておきたいと思っている。

生まれたのが吉田山の東麓だったので、祖母に抱かれたり負われたりの幼い頃から、少し大きくなった少年時代にも、すぐ近所の真如堂・黒谷（金戒光明寺）は恰好の遊び場であった。そこでしょっちゅうチャンバラ映画のロケーションに出会った。とくに真如堂山門から本堂に向かう広い石段、三重塔と池に挟まれた参道での群集シーンの撮影を何度も見たし、黒谷北門から南に向かう土塀や塔頭の並ぶ道でも侍が刀を抜いて斬り合う場面に遭遇した。祖母の話では、幼い僕が飽きずにじっとロケーションを座り込んで見ていたので、時間待ちの俳優さんたちが僕を抱き上げたり、刀を持たせて遊んでくれたこともあったようだ。

でもそんな僕が生まれて初めて見た映画はチャンバラ映画ではなく、父親に連れていってもらったアメリカ映画『宇宙戦争』であった。どんな話かはさっぱり憶えていないが、画面いっぱいに宇宙船がピューンピューン飛びまわり、目の前で爆弾がドカーンと爆発する場面が怖くて、父親の膝に顔を伏せていた記憶がかすかにある。兄と姉も一緒にいたようで、上映中に僕がギャアギャア泣いて困ったと、後になって兄も姉も声を揃えて言っていた。資料で調べると、この映画は１９５３年9月に日本で封切られているので、おそらく僕が4歳になった頃のことだと思える。

大声で泣いたことに双方が懲りたのか、それ以降は父親と一緒に映画に行った記憶はない。その後、幼い僕をたくさんの映画に連れていってくれたのは、何と言っても祖母だった。僕を産んだ直後に病気になった母に代わって僕を育ててくれた祖母は、歴史物語だけでなく講談・落語・浪曲などいろんなことをよく知っており、祖母と一緒に寝起きしていた僕は、源平・南北朝合戦譚、戦国武将・剣客・豪傑の話はもちろん、忠臣蔵・次郎長・幕末ものなど、面白い話をいっぱい聴いた。これはそのままチャンバラ映画になる題材ばかりで、祖母の話で想像していた場面を、まるでチャンバラ映画で確認していくような感じで、映画を楽しんでいたのかもしれない。

最初に見たチャンバラ映画は、１９５４年(昭和29年)の『紅孔雀』だと思う。それは僕が幼稚園児の頃のことだった。

2　思い出の新諸国物語

「しんしょこくものがたり」という言葉を耳にしたのは、ラジオから聞こえてくる「ヒャラーリ、ヒャラリーコ、

ヒャリーコ、ヒャラレーロ……」という主題歌の『笛吹童子』が最初だった。幼い僕には「しんしょこく」の意味などわからないし、話の筋も理解できなかったが、この主題歌だけは耳に残っている。その次にラジオ放送されたのが『紅孔雀』で、「まだ見ぬ国に住むという紅き翼の孔雀鳥……」という主題歌だった。

ちなみにラジオの「新諸国物語」シリーズは、資料によると1952年（昭和27年）1月に始まる『白鳥の騎士』が第1作だが、2歳半の僕は憶えていない。第2作『笛吹童子』は1953年（昭和28年）1月から1年間放送されていたので、もう4歳になっていた僕にも記憶があるわけだ。そして第3作『紅孔雀』1954年（昭和29年）、第4作『オテナの塔』1955年（昭和30年）、第5作『七つの誓い』1956年（昭和31年）と続くことになる。

東映映画の「新諸国物語」シリーズでは、1954年（昭和29年）の『笛吹童子』（全3部）が第1作で、祖母が連れていってくれたのは、同年に作られた第2作の『紅孔雀』だった。これは全部で5部まであったが、財宝の隠し場所を示す紅孔雀の鍵を奪い合う正邪入り乱れての戦いに、幼稚園児の僕は胸をワクワクさせていた。主役は那智の小四郎役の中村錦之助と浮寝丸役の東千代之介だったが、僕は五升酒の猩猩（実は小四郎の兄・那智主水）役の大友柳太朗が好きになった。主人公たちが危なくなると颯爽と登場し、瓢箪にいれたお酒を飲みながら豪快に笑う浪人姿がかっこよかったのだろう。すぐに真似たがる僕は、祖母にねだって祖父の遺品の瓢箪をもらって、水筒代わりにぶらさげて歩いていたものだ。そうそう悪い妖術使いのお婆さん（黒刀自）役の毛利菊枝さんが、たまたま真如堂の近所に住んでおられて祖母とも顔見知りだったのには驚いた。毛利さんは栗塚旭さんの先生にあたる大女優だったことを、後になって知った。

その翌年1955年（昭和30年）には、「新諸国物語」以外に『月笛日笛』や『天兵童子』という吉川英治原作の少年向け時代劇を見た。どちらも伏見扇太郎主演で、前者では競べ馬のシーンが、後者では南禅寺の山門での主人公・天兵と石川車ノ助との決闘シーンが印象的で、幼稚園の自由画帖にはその頃に見た映画の絵がいっぱい残っている。

「新諸国物語」シリーズでは、1957年（昭和32年）に『七つの誓い』（全3部）を見ており、これは前年のラジオ放送時から夢中になっていたもので、映画化を楽しみにしていた。出演は中村錦之助、東千代之介に伏見扇太郎、大川橋蔵が加わり、初めて見る総天然色の画面に驚かされた。この映画では、『ベンハー』のように主人公たちが奴隷として船を漕がされるシーンや『インディージョーンズ』みたいな吊り橋でのスリルいっぱいの場面を憶えている。しかし『紅孔雀』で活躍した大友柳太朗は、「新諸国物語」シリーズに出ることはなくなり、妖術合戦や秘宝の奪い合い中心の「新諸国物語」に僕自身もだんだん飽きていたのかもしれない。そんな僕がひきつけられてしまったのは、何と言っても大友柳太朗主演の『快傑黒頭巾』であった。

3　快傑黒頭巾、只今参上！

『快傑黒頭巾』の主題歌を今でもよく憶えている。「いつも正しく明るく強い、みんな夢見るおじさんは、二挺拳銃左に右に、撃つよ撃つよ、快傑黒頭巾」、「馬に跨り鞭振り上げりゃ、敵はたちまち逃げ惑う、剣をとったら日本一よ、その名その名、快傑黒頭巾」、「風の吹く日も嵐の夜も、ひとり戦うおじさんは、晴れて明るい花咲く日本、築く築く、快傑黒頭巾」。これを全部歌うと、「よっぽど考えたり憶えることがないのやなあ」と人に言われてしまう。数学の公式・定理、英語の不規則動詞変化、化学の分子式など記憶力の悪さでは人後に落ちない僕だったから、時々なぜこんなことばかり憶えているのかと自分自身でも不思議に思う。いやそれほどに、幼い僕はこ

の映画に一所懸命になっていたのかもしれない。

さて『快傑黒頭巾』は、高垣眸という人が戦前に書いた時代小説の映画化作品で、大友柳太朗主演でシリーズになり、1953年（昭和28年）から1960年（昭和35年）の8年間に全部で9本作られた。話は風雲急を告げる幕末、勤皇の志士たちが危機におちいる時、白馬に跨り颯爽と現われる黒覆面の武士。平常は天命堂という名のお人好しの易者として貧乏長屋で暮らしているのだが、さまざまな姿に変装する神出鬼没の正義の味方なのだ。「白馬に乗った黒覆面」と言えば、僕より一世代上の人たちなら嵐寛寿郎の『鞍馬天狗』を想起されるだろうが、僕ら団塊世代はアラカン『鞍馬天狗』はリアルタイムでは見ていない。知っているのは、大村崑の『とんま天狗』ぐらいだ。また黒頭巾の変装は片岡千恵蔵の『多羅尾伴内』みたいで、すぐに見破られる程度（？）のものなのに、みんなコロリと騙されるのだ。映画のクライマックスでその変装をかなぐり捨て、山鹿弦一郎という勤皇の志士の姿で、悪人どもをバッタバッタと斬りまくる。そしてラストシーンでは、また黒頭巾スタイルに戻って、ニッコリ笑って何処へともなく白馬で走り去るのだ。こうして書いているだけで、映画のシーンが瞼に蘇り、僕の胸は熱くなってしまうくらいだ。

チャンバラごっこの時、僕は黒頭巾になりたくて、「なにか覆面になるもん」と祖母にねだった。「しゃあない子やなあ、なんでも真似したがって」と言いながら、祖母は祖父の遺した兵児帯を僕の顔に巻いてくれた。「そのかわり、黒頭巾みたいに、いつも正しく明るく強い人になるんやで」とも言った。そんな祖母との約束を裏切って、ただの還暦おじさんになって幾久しい僕なのだ。

ところでこれは蛇足なのだが、パソコンで「かいけつ」と入力すると「怪傑」と変換される。「怪傑ゾロ」の場合はこの「怪傑」で、三省堂『新明解国語辞典』には「すぐれた能力を持つ、非凡な人物」と書いてある。「黒頭巾」や「ハリマオ」の場合は「快傑」が正しいのだが、辞典には残念ながら出ていない。まあこれにこだわらず、良い子の皆さんには、くれぐれも正しい「快傑」を使うようにしてもらいたものだ。

なお大友柳太朗は、この『快傑黒頭巾』シリーズの他、『丹下左膳』（全6部）や『右門捕物帖』（全7部）でも人気があり、東映オールスター映画ではいつも豪快で優しく頼りになる兄貴分的な役柄で出演していたのを憶えている。

4　胸躍る東映オールスター映画

１９５６年（昭和31年）に創立5周年を迎えた東映は、記念作品として初のオールスター出演映画『赤穂浪士』を作った。この年、僕は小学校に入学したが、幼い頃からの延長線上で祖母の寝物語を楽しみに暮らしていた。忠臣蔵の話もよく聞いていたので、祖母にねだって早速連れていってもらった。市川右太衛門が大石内蔵助、片岡千恵蔵が立花左近、東千代之介が浅野内匠頭、月形龍之介が吉良上野介をそれぞれ演じていた。僕の好きな大友柳太朗は堀田隼人に扮していたが、「なんで大友柳太朗はみんなと一緒に討入に行かへんかったんや？　なあ、ばあちゃんなんで？」と言って祖母を困らせたらしい。その後も、忠臣蔵は東映オールスターで2回映画化されており、１９５９年（昭和34年）『忠臣蔵』では、片岡千恵蔵が大石内蔵助、市川右太衛門が脇坂淡路守、中村錦之助が浅野内匠頭、進藤英太郎が吉良上野介であった。大友柳太朗は堀部安兵衛の役で、一晩での畳の表替え場面などで活躍していた。１９６１年（昭和36年）には創立10周年を記念して『赤穂浪士』が作られ、片岡千恵蔵が大石内蔵助、市川右太衛門が千坂兵部、大川橋蔵が浅野内匠頭、月形龍之介が吉良上野介で、大友柳太朗は再

び堀田隼人をやったが、僕も小学6年生になっていたので、四十七士を陰から援けるニヒルな浪人の堀田隼人のかっこよさが少しわかるようになっていたように思う。

任侠ものもオールスター出演で、1957年（昭和32年）『任侠清水港』、1958年（昭和33年）『任侠東海道』、1959年（昭和34年）『血斗水滸伝・怒涛の対決』、1960年（昭和35年）『任侠中仙道』、1963年（昭和38年）『勢揃い東海道』の5本が作られている。このうち『血斗水滸伝・怒涛の対決』が一番面白くて気に入っていた。大利根河原を挟んでの笹川繁蔵（市川右太衛門）と飯岡助五郎（進藤英太郎）の大喧嘩、そこへ国定忠治（片岡千恵蔵）も絡んでの大チャンバラ映画だった。そうそう御贔屓・大友柳太朗は平手造酒役で出演していたが、そのことは別のエッセイに書いたので本稿では省略する。この『血斗水滸伝・怒涛の対決』以外の4本ではすべて、片岡千恵蔵が清水次郎長に扮しており、東海道の松並木を揃いの着物で歩いている場面、一家が一斉に三度笠を投げ上げて長脇差を抜く場面などが出てきて、4本の区別がはっきりしない。大友柳太朗が大政に扮していた映画が1本あったが、他では途中で殺されてしまいがっかりした映画が2本ほどあったように思うが、どなたか詳しい方があればぜひともご一報いただきたい。

東映オールスター映画はその他、1957年（昭和32年）と1960年（昭和35年）の『水戸黄門』2本、1958年（昭和33年）の『旗本退屈男』を加えると全部で11本作られ、資料によると、その大半がその年度の日本映画観客動員数のベスト10に入っているから、まさに昭和30年代のチャンバラ映画全盛期を象徴する映画だったのかもしれない。そして「弱きを助け強気をくじく正義の剣士」が活躍するチャンバラ映画がたくさん作られたこの時代に、幼稚園から小学生時代を過ごした僕は、やっぱり幸せな少年だったのかなあと今になって思う。

5 野外映画の楽しさ

僕が幼い日を過ごした昭和20年代後半～30年代前半には、家の周辺に野原（僕らは空地と呼んでいた）がたくさんあり、腕白小僧にとっての格好の遊び場であった。夏休みには地蔵盆という行事があり、その最後を飾るプログラムが野原で行われる野外映画会だ。

その日は明るいうちから大人たちがテントを張ったり、ゴザを敷いたりする。それを離れたところから眺めている僕ら子供たちは、野原の一方に大きな白いシーツが張られるに及んで、一斉に歓声を上げて野原に駆けてゆく。準備をしているオジサンたちに「オッチャン、なんの映画？」と詰め寄るのだが、たいがいの場合、「さあ、知らんでえ、なんの映画かお前らも楽しみにしとき！」と言う。上映作品名はわからないままだったが、僕らは暗くなるのが待ちきれなくて、遊んでいても夕方が近づくとどこかソワソワしていた。晩ごはんも早めに食べて、行水に入って天花粉で首筋を真っ白にされた僕らは、野原に集まりゴザの一番前に並んで座っている。やがて徐々に暗闇がひろがった頃、近所のオジサンやオバサンが少しずつ集まってきて、やがて自転車かオートバイでフィルムが届けられ、白いシーツに映画が映し出されるのだ。

こんな野外で見た映画を思い出すと、まずトロッコが暴走して乗っている人が放り出されるシーンが印象に残っているが、題名もストーリーも一切定かでない。また別の映画で、柳家金梧楼演じるタクシー運転手が何やら発明狂みたいな人で、天井からぶら下がった何本かの紐を引っ張って仕掛けを動かす場面で大笑いした憶えがある。他に『サラリーマン目白三平』という題名を憶えているが、内容は全然記憶にない。僕ら子供にとって面白くない映画の場合、途中でゴザの上で相撲をしたり、周辺を走り回って騒いだりして、オジサンたちに叱られた。シーツのスクリーンの裏側に回って、左右反対になった画面を見たりしたことも懐かしい。

野外で見たチャンバラ映画では、まず長谷川一夫主演の大映映画『銭形平次捕物控』があるが、何本も作られたシリーズの中のどの作品かはハッキリしない。三船敏郎主演の東宝映画『宮本武蔵』も野外で見た。しかしチャンバラ映画は何と言ってもやっぱり東映で、中でも3本は鮮明に記憶している。その1本、『海の百万石』は、加賀藩の豪商・銭屋五兵衛を主人公にしたモノクロ映画だったが、ラストで五兵衛（片岡千恵蔵）の非業の死を悲しんだ息子（大川橋蔵）が海に向かって「お父っ！」と叫ぶシーンが印象に残っている。2本目、『風雲児織田信長』では、信長（中村錦之助）が雷雨の中を桶狭間へ奇襲する場面の迫力に驚いた。3本目、『天下の伊賀越・暁の血戦』は、有名な荒木又右衛門（市川右太衛門）の決闘・鍵屋の辻の映画化だった。又右衛門と河合甚左衛門（月形龍之介）との友情が胸を打ち、僕の大好きな大友柳太朗が剣豪・柳生飛騨守を演じていたのも嬉しく見ていたが、途中にわか雨で映画が中断したのもよく憶えている。

まだテレビが一家に一台普及する前のことであり、野原や公園で映画会をすると、近所の人たちが座布団や蚊取り線香や団扇をもって集まってくる、そんなのどかな時代の出来事だった。

6　旅する剣士たち

映画ジャンルの一つに「ロードムービー」がある。主人公が旅の途上で出会う人たちとの交流や遭遇する事件を描くもので、ドラマの舞台が次々に変化し、場面転換がしやすいのが特徴と言われている。思いつくままにあ

げると、『ある夜の出来事』、『道』、『北北西に進路を取れ』、『イージーライダー』、『俺たちに明日はない』、『テルマ&ルイーズ』、『スケアクロウ』、『ハリーとトント』などの外国映画があるが、西部劇にもこのパターンが多くあるように思う。また日本映画でも『集金旅行』、『家族』、『幸福の黄色いハンカチ』、『菊次郎の夏』などがあったし、『男はつらいよ』シリーズもこのジャンルに含めてもいいかもしれない。

さてチャンバラ映画に目を向けると、伊藤大輔監督、大河内傳次郎主演の古典的名作『忠次旅日記』をはじめとしてたくさんの股旅映画がこのロードムービーにあたる。全盛期の東映チャンバラ映画では、片岡千恵蔵、市川右太衛門の両御大も股旅映画を何本も撮っているし、僕らの世代では大川橋蔵の『草間の半次郎』シリーズもあったが、中村錦之助主演で映画化された『沓掛時次郎』、『関の弥太ッペ』、『瞼の母』など長谷川伸原作の渡世人が一番印象に残っている。僕の大好きな大友柳太朗は、なぜか渡世人姿が似合わないのか、浪人役の方が多かったように記憶している。

また水戸黄門や弥次喜多の道中記もこのジャンルに入るが、僕が一番気に入っていたロードムービーは、武者修行の旅をする剣士たちの話だ。その典型が内田吐夢監督、中村錦之助主演の『宮本武蔵』（全5部）と松田定次監督、大川橋蔵主演の『新吾十番勝負』（全8部）の2つのシリーズだった。

この2つのシリーズに共通するのは、主人公が行く先々で手強い剣客と対決して倒してゆくだけでなく、剣の道を通して人生の師にめぐり合って成長してゆくことだ。もちろん東映映画だから、これらの剣の達人たちを演じるのは片岡千恵蔵や大河内傳次郎たちで、時には月形龍之介、山形勲、薄田研二という斬られ役の重鎮たち（？）も武蔵や新吾を導く先生に扮していた。またどちらも女性にもてるのも特徴で、武蔵は原作にあるとおり「修行に女は足手まといだ！」とお通さんの恋慕を振り切り、葵新吾もお縫さんやお雪さんを袖にしながら旅を続ける。何しろ武蔵も新吾も剣はスゴ腕だから怖いものなし、難儀をしているお女中を助けたりもできるし、旅費に困ることもない。股旅ものの渡世人も、ヤクザ一家に草鞋を脱いでご馳走にありついたり、色っぽい鳥追い女と道連れになるという運の良い場合もあったが、閻魔堂や農家の物置で寝たり、時には野宿をしたりと、あんまり待遇面では恵まれなかった。その点でも、旅する剣士たちはきれいな旅館に泊まり、茶店で休憩し団子を食べたりもして、結構リッチな旅行を楽しんでいるように見えた。

子供心に僕はこんな武者修行の旅に大いに憧れていたし、還暦を過ぎた今でも、出張やスケッチで一人旅をする時、ふと武者修行の剣士の気分になっている僕自身に気づくこともあって、一人ニタニタ笑ってしまうのだ。

7　凄まじい集団抗争時代劇

昭和36年（1961年）、チャンバラ映画史に関わる地殻変動が密かに起こっていたことが、東映オールスター映画『赤穂浪士』や『宮本武蔵』、『新吾二十番勝負』に胸を熱くしていた小学六年生の僕にはまったくわからなかった。この年に封切られた黒澤明監督『用心棒』とその続編とも言うべき『椿三十郎』によって、東映チャンバラ映画が一刀両断されたのだ。また社会派・小林正樹監督の『切腹』が注目され、東映のライバル大映でも市川雷蔵の『忍びの者』や勝新太郎の『座頭市』などが人気シリーズとして世に受け入れられていったのがその前後である。それらの影響からか、東映でも鮮血飛び散り肉を斬らして骨を断つ残酷色の強いリアリズム時代劇が作られヒットした。しかしこのヒットは、同時に「いつも正しく明るく強い」ヒーローが悪人どもをバッタバッタと斬りまくる東映チャンバラ映画の終焉の序曲でもあったのかもしれない。

その時期、中学生の僕がたまたま見てびっくり仰天してしまったのが、昭和38年（1963年）長谷川安人監督の『十七人の忍者』だ。大友柳太朗率いる伊賀忍者十七人が密書を奪うために敵方の城中深く忍び込み、これを阻止するために雇われた近衛十四郎らの根来忍者と壮絶な闘いを展開する話で、忍者たちを演じる俳優が誰かさえ見分けが難しく、同じ黒覆面・黒装束でもあの快傑黒頭巾とはえらい違いだった。もちろんこの映画での大友柳太朗は観客に向かってニッコリ笑ったりしなかった。そしてもう一本、工藤栄一監督の『十三人の刺客』は、今さら僕が書くまでもなく後に集団抗争時代劇と呼ばれる一連の映画の代表作であり、参勤交代途上にある凶悪な明石藩主の暗殺を仕掛ける刺客たち十三人の苦闘を描いている。リーダー役は御大・片岡千恵蔵だったが、遠山の金さんのように桜吹雪の刺青を見せることもなければ、多羅尾伴内のようにおかしな変装もしない。そしてこれまでの東映チャンバラ路線では考えられないことだが、あの不死身の片岡千恵蔵が何とラストで殺されてしまうのだから、いやあもう驚いた。なおこの映画が2010年に新感覚アクション派・三池崇史監督によって、スケールアップしてリメイクされたことは皆さんご存じのことだろうと思う。

『十三人の刺客』に続いて同じ工藤栄一監督が作った『大殺陣』、『十一人の侍』も面白く見たし、近衛十四郎扮する柳生十兵衛を主役にした『柳生武芸帳』シリーズも集団抗争時代劇に分類される同時期の秀作であった。この頃はカラー映画が主流になっていたにもかかわらず、これらの映画はモノクロで作られたが、これも黒澤映画の影響なのかもしれない。とくに『十三人の刺客』、『大殺陣』、『十一人の侍』の三部作に共通するのは、封建体制に我慢を強いられていた侍たちがラストで一気にその怒りを爆発させるという筋立てである。この情念のほとばしりに観客が酔いしれるパターンは、そのまま鶴田浩二、高倉健の任侠映画へと引き継がれ、その任侠映画が喝采を浴びる中で、東映チャンバラ映画は終焉を迎える。やがてチャンバラ映画づくりの火がテレビ時代劇の中へ受け継がれ、1965年（昭和40年）、東映テレビプロ製作『新選組血風録』で再燃し輝いた時、僕は高校一年生になっていた。

8　新選組の旗はゆく

集団抗争時代劇から仁侠路線へと東映映画の主力が移行していく中で、映画館ではほとんどチャンバラ映画は見られなくなってしまった。そんな時にテレビで見て強い印象を受けたのが東映テレビプロ製作の『新選組血風録』だった。これが放映された昭和40年（1965年）、ちょうど同じ頃、司馬遼太郎の歴史小説を読み始めていた高校一年生の僕は、第1回からすっかり魅了された。ビデオも何もない時代だったので、日曜日にどこかへ遊びに行っていても夜の9時には必ずテレビの前に座っていたように憶えている。最終回には春日八郎の歌う主題歌「新選組の旗はゆく」をテープレコーダーに録音して、繰り返し聴いていたこともなつかしく思い出す。その後、同じスタッフ・キャストによる『われら九人の戦鬼』、『俺は用心棒』、『天を斬る』なども見ていたが、大学に入ってから見た『燃えよ剣』がまた素晴らしいもので、原作を含めて僕の青春の宝物になった。

とくに鮮烈な印象を受けたのは、言うまでもなく栗塚旭演じる土方歳三。それまで土方と言えば、東映チャンバラ映画の悪役で名も高い山形勲、原健策、阿部九州男やテレビ『新選組始末記』の戸浦六宏の顔が浮かぶが、栗塚旭が演じた土方は原作にある冷徹さと繊細な優しさを併せもつ陰のヒーロー像をさらに増幅する力をもっていた。そして島田順司演じる沖田総司の不思議な明るさとのコンビネーションは、それ以降の新選組ドラマに決定的な影響を与えたと言えるだろう。『新選組血風録』・『燃えよ剣』のもう一つの魅力は、幕末騒乱に巻き込まれる市井の男女の悲哀をきっちりと描いた結束信二の脚本にあったと思う。この結束信二は、東映チャンバラ映画の脚本家で、『新選組鬼隊長』や『維新の篝火』などのシナリオも書いていた人だと後になって知った。

40年以上前に放映されたこのテレビ映画は今でも絶大なファン層を持ち、上映会運動が起こったり他のテレビ映画にさきがけてビデオ化された。その後も新選組は何度か映画化・ドラマ化されたが、『新選組血風録』、『燃えよ剣』を凌駕するものは見当たらないのではないだろうか。先日も黒谷・金戒光明寺へ行った折、やはり『新選組血風録』・『燃えよ剣』のファンだという若い人たちと話をする機会があった。まだ二十代の女性たちだったが、ビデオを全巻揃えており、何度も繰り返し見ているのか細部まで詳しく知っているのに驚いてしまった。僕が最初のテレビ放映時にリアルタイムで全部見ていたと言うだけで、何か尊敬されたみたいで、気恥ずかしくなったほどだ。

近年になって、たまたま仕事の関係で、この一連のシリーズを演出した松尾正武監督と親しくお話をさせていただき、松尾監督の紹介で憧れの栗塚旭さんとも親交を得ることになった。栗塚さんとは「わが青春の新選組」というタイトルで何度か対談イベントまでさせてもらい、今も時々お会いして映画談議を楽しんでいる。また僕が敬愛する川浪進先生のホームシアターで、『新選組血風録』のうち「虎徹という名の剣」・「鴨千鳥」の2本の上映会を栗塚さんを特別ゲストに招いて開催したことも楽しい思い出だ。

9　なぜ人は時代劇映画を見るのか

中学一年生の冬に『アラビアのロレンス』を見たことが契機になって、僕の映画への興味は徐々に日本映画か

ら外国映画へ移っていった。高校時代には授業をさぼってたくさんの外国映画を見たし、大学時代にも本数は減ったとは言えやはり外国映画の方が多かったように思う。

幼い頃から親しんだ東映チャンバラ映画が衰退期に向かい、やがて仁侠路線が主流になっていったのはちょうどこの時期であった。またこの頃になるとチャンバラ映画という言葉はあまり使われず、一般には時代劇映画と呼ばれるようになっていたが、僕は洋画好きの友達に隠れてこっそりと一人でチャンバラ映画を見に行っていた。『切腹』、『暗殺』、『仇討』、『幕末残酷物語』、『人斬り』、『上意討ち』、『竜馬暗殺』など、こうして思いつくままにあげてみるとまあ血なまぐさい題名の映画ばかりだ。黒澤時代劇や仁侠映画の影響なのか、正しく明るく強いヒーローがニッコリ笑って悪を斬る映画はすっかり姿を消した。かつての東映黄金時代のチャンバラ映画を「典型的な勧善懲悪主義」として軽んじる風潮すらあり、人間が正しい者と悪い者とに二分され、最後には必ず正義が悪に勝つというストーリー展開に、かく言う僕自身も少々物足りなさを感じ始めてはいた。現実社会がそんなに甘いものではなく、巨大資本や権力政治家が大手を振って歩いていることも徐々にわかってきた。しかし幼い日に勧善懲悪物語を聴いたり、映画で見ることを決して悪いことだとは思わない。人は幼いながらも悪者をやっつける正義にあこがれを抱くもので、だんだん成長してゆく過程で、必ずしも正義が悪に勝つわけでない現実社会に身をおいていることに気づくのだ。その時に善悪の道徳では割り切れない人の世の哀しみと自分自身の非力さを少年たちは学べばいいのではないだろうか。

いじけていた幼い僕に祖母は「快傑黒頭巾のように、いつも正しく明るく強い人になりや」と言って励ましてくれた。僕のようないい加減な人間でも、還暦を過ぎた今も弱きを助け強きをくじく正義こそが政治や社会の根本規範であってほしいと願っている。「勝ち組・負け組」や「格差社会」というわけのわからない論理がまかり通り、弱いものいじめが正当化される現在にこそ、「勧善懲悪」が見直されるべきではないかと思うのだ。

正義をあからさまに主張できない僕ら現代人が、時代劇の中でなら恥ずかしげもなく正義を主張できる。そして憎っくき悪代官や御用商人をバッサリと斬り殺すことが許される世界。ここに時代劇映画が求められる第一の要素があるのではないかと僕は考えている。

もう一つの大切な時代劇の魅力は、かつての日本人がもっていたお互いを尊重しあう礼儀やあたたかい人情を再発見できることだ。昭和30年代初めの僕の周辺にはわずかでも残っていた人情長屋的人間関係は、高度経済成長と核家族化の中で急速に失われてしまった。

さらにもう一つ付け加えるなら、ロケーションで撮影されたフィルムを通して、懐かしい風景を見ることができることも時代劇映画の魅力である。とくに京都で生まれ育った僕にとっては、幼い日を過ごしたかけがえのない故郷との再会を意味するのかもしれない。

10　今こそチャンバラ映画の再生を！

42年間続いたテレビ時代劇『水戸黄門』が終了するという新聞記事を見た。放送が始まった昭和44年当時、「月形龍之介以外の黄門さまなんぞ認めへん！」と叫んでいた僕であったから、あまり一所懸命にこの番組を見た記憶はない。しかしこれが終了し、民放での時代劇がすべて消えてしまうとなると話は別で、「ああ、とうとうここまで来たか」という感じだ。詳しい事情はわからないが、やはり製作コスト、スポンサー、視聴率などの諸問題が絡み合ってのことなのではないだろうか。

そんな状況下、テレビで安心して時代劇映画を見られるのは、今ではＫＢＳ放送の「中島貞夫の邦画指定席」だけになってしまった。東映を中心に大映や松竹など、それぞれの京都撮影所で作られた懐かしい映画を中島監督の解説付で楽しめる。中島監督は映画斜陽化の半世紀、東映を第一線で支えてこられた映画監督で、近年は後進育成や京都映画復興運動でも精力的に活動されている。たまたま仕事で知り合った京都映画倶楽部理事の岡田榮さんの紹介で中島監督とお話する機会を得た。折りしも平成20年（２００８年）は、明治41年（１９０８年）に日本最初の劇映画『本能寺合戦』が作られてから１００年目にあたる年で、京都映画１００年の記念イベントが、中島監督のリードで進められていた。

この『本能寺合戦』、残念ながらフィルムは現存していないが、日本映画の父と言われる牧野省三が監督し真如堂でロケーションをした記録がある。そこで映画誕生モニュメントが真如堂に建てられることになった。真如堂のすぐそばで生まれ育った僕としては、黙ってはいられない。ほんの少し建設基金に参加しただけだが、記念碑の除幕式にも招待され、記念碑に名前まで彫ってもらえた。

京都には時代劇づくりの伝統があり、とりわけ「映画職人」と言われる製作技術者がおり、それは京都の奥深い伝統産業とも切り離せない関係にあるのだ。また近年破壊されつつあるとは言え、ロケーションに使える神社仏閣などの史跡がまだまだたくさん残っている。時代劇を作ることは、京都の伝統産業や歴史的景観や自然環境を守ることに強く結びついているのだと思う。

先日、盛岡から来洛された知り合いの女医さんを黒谷・真如堂へご案内した。こんなとりとめのない僕自身のチャンバラ映画鑑賞史をしゃべりながら、映画発祥の記念碑の建つ本堂前から参道石段を下っていった。そこには半世紀前、祖母に手をひかれて歩く幼い僕自身の幻影がゆらめいているのであった。

1　チャンバラごっこ進化論

定年退職して以降、スケッチブック片手に京都の町を歩く機会が増えた。これまでに行ったことのない場所をあちこち訪ねるつもりが、ついつい生まれ育った真如堂、黒谷、吉田山から賀茂川あたりへと僕の足は向いてしまう。この辺りは半世紀前と比べてもさほど風景が変わっていないので、少年時代を思い出す材料に事欠くことはない。しかし路上風景で大きく変わったことがある。遊びまわる子供の姿がまったく見当たらないことだ。学校の運動場ではサッカーや野球の練習で走り回ってはいるものの、それ以外で遊んでいる子供はほとんどいないようだ。

僕が幼かった頃、長屋には溢れるように子供がいた。そう、のちに「団塊」たらいう奇妙な呼び名をこちらに一言の相談もなしにつけられた世代だ。狭い家から道端へ弾き出された僕らは、徒党を組んで遊ぶのが自然の成り行きであった。そしてチャンバラごっこは僕らにとっての重要な遊びメニューの一つだった。そこで本稿では、チャンバラごっこについて触れておくことにしようと思う。

まず二人遊びから。最初は木の枝や棒切れが刀であった。それぞれに得意な構えで向かい合う。僕は赤胴鈴之助と同じ北辰一刀流の正眼の構えだったが、だんだん本気になってくると、ただただ滅茶苦茶に振り回して叩き合い、どちらか先に痛い思いをした方が怒り出す。時にはケガをして泣いたり、「もう俊ちゃんとは遊ばへん！」とかの悪態で決着がつく。ケガをしないよう古新聞を丸めて叩き合ったりもしていた。

やがて遊びは集団化してゆく。吉田山や真如堂で、十数人の子供たちが敵味方に分かれて斬り合うのだ。僕らは源平合戦や川中島の戦いのつもりだったが、大人たちには大利根河原のやくざの大喧嘩に見えていたかもしれない。これも負傷者が一人でも出たら痛み分けになったりした。

遊びは少しずつ進化していった。僕らももうちょっと知恵がつき、みんなで役割を分担するようになる。交代でヒーローを演じ、それ以外の者は斬られ役にまわった。僕のお気入りは快傑黒頭巾で、遊び仲間はみんな新選組隊士になる。隣りのケンちゃんが宮本武蔵になる時は、僕は一乗寺下り松で斬られる吉岡一門の一人だ。向かいのカッちゃんが鼠小僧の時は、僕は「御用！　御用！」の木っ端役人になった。

さらに進化すると、「左手からマーちゃんが斬り込んだのを右へはらい、正面から来たユウちゃんを右袈裟懸けに斬っておいて、マーちゃんと斬り結ぶ……」というように殺陣師の役割まで果たす者が登場するに至る。

このようなチャンバラごっこの進化に大きな影響を与えたのは、今さら言うまでもなく東映チャンバラ映画であった。そしてこれこそは、近所でチャンバラ映画のロケーション現場を数多く見て育った僕ら世代の幸運だったと言えるのかもしれない。

2　ロケーションの思い出

なぜ京都がチャンバラ映画づくりの最大の拠点になったかについてはすでに書いた。そもそも日本初の劇映画『本能寺合戦』の撮影場所として使われたのが僕の生まれ育った真如堂であったこと、その所縁から「映画発祥の地」モニュメントが建立されたことも、先述した。

そんな伝統と実績を誇るチャンバラ映画のふるさとに僕が住んでいた昭和30年代のこと。近所には神社仏閣をはじめとしてチャンバラ映画の撮影場所がふんだんにあり、ロケーション現場を数多く見て育った。小学校からの帰り道、真如堂の前に東映の三角マークの入ったバスやトラックが止まっていると「わっ、今日はロケやってるな」とわかって、ランドセルを背負ったまま寺の境内に駆け込んでいった。映画づくり華やかなりし当時は大規模な撮影があり、たくさんのエキストラが山門の向こうの石段に溢れ、遊びなれた寺の境内がすっかり別世界になっている。専用の発電機のモーターが大きな音を立て、昼間でも大きな照明がいくつも黄色い光を放ち、銀紙の張られた反射板（レフ板）が何枚もかかげられている。僕らは裏階段を駆け上がり、鐘楼横に立つ楓の木によじ上ってロケ現場を眺めたものだった。

俳優たちは何度も同じことを繰り返して、練習（テスト）をしているようだ。そのうち「ハイ、本番！」という声がどこからともなく聞こえ、僕らまでが少し緊張した。ただし本番になっても俳優たちは何かブツブツと小さい声でセリフをしゃべり、近くにいてもあんまり聞こえない。後に知ったのだが、その頃はアフレコと言ってセリフを後で録音していたようだ。結構、細かく分けて撮影され、ちょっとやっては「はい、ＯＫ！」とか「カット！」とか言って、別のシーンに移るので話の筋など何もわからない。僕らが楽しみにしていた肝心のチャンバラは、みんな意外にゆっくりと動いているように見えたが、実際の映画では少し早くフィルムを回して迫力を出すらしいのだ。俳優たちがみんな赤い壁土みたいなものを顔に塗っていて、笑うとひび割れがしそうで、少し気持ち悪く思ったことも強く印象に残っている。

片岡千恵蔵や大川橋蔵の撮影を見た記憶がある。木陰で椅子に座って何やらブツブツセリフを繰り返している片岡千恵蔵も印象に残っているが、しゃべりかけたことはなかった。大川橋蔵は気さくな優しい人で、休憩中に少ししゃべってサインをもらったことがある。残念ながら僕の人好きな大友柳太朗には一度も出会ったことがなかった。

中学生の頃のこと。『忍びの者』というテレビ映画の撮影が裏山であった。学校からの帰り道にロケ現場に出会った僕と友達は、「いっぺん映画に出よか」と一計を案じ、カメラが向けられた正面の林へ入って、俳優が演技している後ろから白いハンカチを振り続けた。そして撮影が終わった時、今日の撮影分がいつ放映されるのかをスタッフに聞くことも忘れなかった。放映の時、テレビ画面をいつも以上に真剣に見ていたが、俳優のアップや動きまわる姿に焦点が絞られているからか、とうとう僕らの白いハンカチは全然映らず、ガッカリしたことも懐かしい思い出だ。

3　悪役列伝

今は亡き文学の師・福島昌山人先生と映画の話をした至福のひとときが今も忘れられない。晩年はマイナーな映画を好んで見ていた師匠、「その映画は見てません」と言うと、「そやろ、映画館に五人しか座っとおらへんかったぞ」と自慢げに言ったものだ。そんなマイナー嗜好の師匠らしく、主人公を演じる二枚目役者よりも、一風変わった脇役や悪役について詳しくて、よく二人で「こんな悪役知っているか?」と競い合ったものだ。

そこで本稿では師匠の真似をして、東映チャンバラ映画の悪役俳優について書いてみようと思う。チャンバラ映画では悪役は必ずラストで主人公に斬られて死ぬことから、僕らは悪役のことを「斬られ役」と呼んでいた。

まずその筆頭は何といっても、月形龍之介だろうか。陰謀の首謀者・黒幕で悪者の中で飛びぬけた知恵者を演じればピカイチだった。片岡千恵蔵か市川右太衛門との一騎打ちで「うむ〜」と無念そうな顔で倒れる。この人は水戸黄門など老練な良い人も演じていたので、僕はどこかで信頼していた。続いては進藤英太郎、この人も大物の悪人だが、月形龍之介の持つ枯淡の味わいは少なく、どうもまだ脂っ気が残っている助平じじいみたいな感じだった。ただし時々、お人好しの上方人を演じて笑わせてくれたりもした。山形勲も腹黒さでは先の二人に決してひけはとらない黒幕タイプで、最後まで死なない粘着型の悪人が上手だった。しかしこの人も時として、頼り甲斐ある剣客にもなったので、なかなか油断ならなかった。ここまでが誰もが認める東映城の三悪人だが、屋敷奥に隠れている黒幕ではなく、小ずるい岡っ引きとかやくざの親分のような身近な（？）悪人として頻繁に登場したのは、吉田義夫だ。この人は、腹黒いのではなく表皮からの悪役で、意外と可愛げのあるのが特徴だった。子供たちに銭湯で水をかけられたとの逸話の残る人だが、実は僕が受験して合格できなかった京都芸大出身のインテリだと知ってびっくりした。

このあたりが有名な悪役俳優で、ここから後は知る人ぞ知る、知らぬ人は知らぬちょっとマニア向けの人たちかもしれない。まず薄田研二という痩せて奥目の悪徳老人をご存じだろうか。そのまま吉良上野介が演じられる人だが、僕は逆に頑固一徹の堀部弥兵衛役の方が印象に残っている。実はこの人、僕がかつて研究していた戦前のプロレタリア文化運動史に登場する高山徳右衛門（こっちが本名）だと知って驚いた。これに続くのが原健策と加賀邦男で、この二人の特徴は一見して悪者と思えない真面目な顔で登場するが、悪玉の方へ寝返ったりする悪代官が似合った。巨漢の悪人顔で僕ら良い子を恐れさせたのが阿部九州男だが、この人はどちらかと言えばあんまり賢くない悪者で、主人公たちに騙されてすぐに悪巧みを失敗してしまうので、まあ勘弁してやろうか。もう一人、大目に見てやってもいい悪者は沢村宗之助で、温厚な丸顔で最初は主人公に近づいてくる癖に、権力に弱くて結局は銭勘定に走る悪商人として見慣れている。悪者の中で剣さばきに優れ一番強そうなのが戸上城太郎で、黒幕の命令で主人公を闇討ちにする町道場の師範代のような役で、斬られ方もなかなか迫力があった。

これらチャンバラ映画のように外見だけで悪者がわかれば、憲法改悪を企て、原発再稼働を画策し、女性の人権を侵害するような悪者の跋扈を、僕らは阻止できるのにと思ったりもするのだ。

4 宿敵たち

「アンタゴニスト」という言葉がある。元来は薬学用語で「拮抗薬」と訳されるのだが、僕がこの言葉を知ったのは高校時代に読んだ映画雑誌だった。ルネ・クレマン監督の『パリは燃えているか』で、パリ解放を阻止しようとするドイツ軍司令官を演じたゲルト・フレーベ（『００７ゴールドフィンガー』で有名）がアンタゴニストとして秀逸、との映画評があったのだ。つまり主人公の前に立ちふさがる「対立主役」というような意味なのだと僕は解釈している。この対立主役がきちんと描かれることによってドラマがぐんと面白くなるのは、見ているものが主人公と等分に敵役にも感情移入できるからではないだろうか。それがすでに書いた「斬られ役」とは少しニュアンスが違うところかもしれない。
さてチャンバラ映画で印象に残る対立主役を思いつくままに書いてみよう。チャンバラ映画では「宿敵」というカッコいい表現もあるが、いやいや宿屋での敵討ちのことではないので念のため。
そうだなあ、古くは『鞍馬天狗』に登場した近藤勇なんかが恰好の事例だろうか。土方歳三たちが卑怯な方法で天狗を罠にかけようとすると「土方、それはいかん！」と諭すのだから、たまらない。『赤穂浪士』では大石内蔵助たちの吉良邸討入りを阻止しようと苦闘する上杉家江戸家老の千坂兵部や色部又四郎がその役まわりで、『宮本武蔵』の佐々木小次郎も対立主役と言えるだろう。

この宿敵を演じて魅力を発揮した俳優をあげると、やはり何と言っても月形龍之介だろうか。チャンバラ映画ではないが、黒澤明監督の『姿三四郎』、『続姿三四郎』で檜垣源之助・鉄心（それぞれで兄弟の役）を演じ、ラストで三四郎と果し合いをした。『新吾十番勝負』、『新吾二十番勝負』でも新吾の剣の師・梅井多門を斬った剣豪・武田一真に扮していた。この月形龍之介はホンマモンの剣道の達人で、刀を構える時の腰の据わり方や目線でその凄味が伝わってきた。続いて思い浮かぶのが近衛十四郎だ。この人も迫力満点の殺陣で僕らを唸らせた剣豪スターで、後年『柳生武芸帳』シリーズで主役・柳生十兵衛を演じたが、その魅力が活かされたのは主役の行く手を阻む宿敵の剣客や用心棒浪人の役をやった時だった。この人の使う刀は明らかに他の人のものより長かったようで、『十七人の忍者』では、連判状を奪いにくる伊賀忍者十七人を追い詰める根来忍者・才賀孫九郎を鬼気迫る視線で演じ僕らを魅了した。この『十七人の忍者』と双璧をなす集団時代劇の名作『十三人の刺客』で、刺客たちの襲撃から悪逆の主君を守護する鬼頭半兵衛を演じた内田良平をつけ加えさせてもらいたい。それまで日活のギャング役が多かった内田良平は、この映画で初めて時代劇に出演したらしいが、刺客団のリーダー・片岡千恵蔵と堂々と渡り合い、一世一代の名演を見せてくれた。他には黒澤時代劇『用心棒』、『椿三十郎』で主役・三船敏郎とラストで決闘した仲代達矢は、その後も同様の役柄を何度も演じているし、仲代が主人公を演じる映画では、丹波哲郎が対立主役で最後に斬られている。

こうした宿敵たちに拍手を送って映画を楽しんでいる僕らの背後に、チャンバラ映画の真の宿敵とも言えるテレビ時代がひたひたと迫ってきていたのだ。

5　テレビがやって来た日

本稿では映画の宿敵とも言えるテレビが、わが家にやって来た日のことを書くことにする。幼い僕にとってそれは一大事件であり、その日の興奮が半世紀以上たった今も忘れられない。

わが家の場合、１９５７年（昭和32年）の夏、僕が小学2年生のことであったから、映画『ＡＬＷＡＹＳ三丁目の夕日』で描かれた時より1年だけ早かったわけだ。あらかじめ今日テレビが来ると親から聞いていたのか、珍しくどこへも寄り道せず、学校から飛んで帰って待っていた。やがて夕方になって、父と親しいオハラ電気のおじさんのトラックがやって来た。このおじさんが学校の先生よりもリンカーンよりも僕にはエライ人に思えた瞬間である。なにしろ「シャープテレビジョン」と印刷された大きな箱を一人で運び入れて、ドキドキ固唾を飲んで見ている僕を尻目に、なんの躊躇もなくバリバリと箱を開けてあの輝けるテレビを引っ張り出したのだから。

おじさんがテレビを居間の壁際にデーンと据えて、アンテナ線や電源コードをつないだりする作業を、僕は逐一見ていた。いよいよスイッチを入れると、「キュイーン」と音がしたままブラウン管には何も映らない。どうなっているのか、不安になった頃、横ゆれしながら画像が出てきたので、「うわー！」と歓声を上げそうになったが、テレビに映ったのは渦巻と四角形が重なったわけのわからない図形のようなものであった。「今の時間は何も放送してまへん、6時になったら始まりますねん。これはテストパターンと言うもんです」とおじさんが説明してくれた。「ご苦労さんどす、まあお茶でも」と言う母とおじさんがしゃべっている間も、僕はひたすら何の変化もない図形を見続けていた。

「ぼん！　今夜はリンチンチンがありまっせ」と僕に言い残して、尊敬すべき偉大なおじさんは帰っていった。

その夜、早速「リンチンチン」たら言うものを見た。それはアメリカのテレビ映画『名犬リンチンチン』という西部劇だったが、僕が一番見たかったのは言うまでもなくチャンバラだった。しばらくすると待望のチャンバラ『水戸黄門漫遊記』があったのを憶えている。その後、チャンネル（おそらくその当時は2つしかなかった）を切り替えると、NHKで『お笑い三人組』もあったような……そんな占い記憶を確認すべく、ヒマ人の僕は図書館で昔の資料を調べてみると、確かにこの3つの番組が同じ火曜日にあり、うちにテレビが来た日が火曜日であったことが判明した（別に判明したところで、どうなるものでもないのだが）。ちなみにその翌日（水曜日）に『眠狂四郎』、その次の日（木曜日）には『鞍馬天狗』、さらに日曜日のお昼には『びっくり捕物帳』を見たことをかすかに憶えている（僕にはよっぽど他に憶えるものがなかったのだろう）。

　こうして僕のテレビっ子生活が始まるのだ。同時にその後のテレビ普及によって、娯楽の王者であった映画が、急速にその地位を追われゆく運命にあった。しかし、それ以前に暗闇の映画館でチャンバラ映画に心躍らせていた僕にとって、映画が決してテレビで置き換えることのできない魅力を維持し続けていたことは、ひょっとしたら幸せなことだったのかもしれない。

6　テレビで見たチャンバラ映画

　僕が小学2年生だった夏のある日に、わが家にテレビが来たことは先述した。そこで本稿では僕がテレビにかじりついていた小学生時代、テレビで見たチャンバラ映画について記憶を呼び起こしてみたいと思う。そうそう、

何気なく「チャンバラ映画」と書いたが、テレビ番組の場合、映画館と同じようにフィルムで撮影されたもの以外に、スタジオで録画されたドラマ（生放送の場合も）があった。あるいはフィルム撮影とスタジオ録画が組み合わされたものもあったが、本稿ではこれらを一括してチャンバラ映画と呼ぶことをお許し願いたい。

さて1957年（昭和32年）、テレビが来た初日に見た『水戸黄門漫遊記』には十朱幸代のお父さん十朱久雄が出演していたことを憶えているが、その後の『眠狂四郎』、『鞍馬天狗』に誰が出ていたのかは残念ながら記憶にない。『びっくり捕物帳』というのはその後も日曜日のお昼に長く続き、上方漫才のダイマル・ラケット、森光子、藤田まことが出演した人気番組であった。またある本によると、この年に『赤胴鈴之助』がテレビドラマになり、吉永小百合が千葉周作の娘さゆり役で出演していたらしいが、まだ剣道を始めていなかった僕には鈴之助役のオファーがなかったので、残念ながら吉永さんとの共演は先に延びることになった。

1958年（昭和33年）のことは、『3の時代に』というエッセイに詳しく書いたので、『鉄砲小弥太』、『快傑黒頭巾』、『薩摩飛脚』の主題歌を今でも記憶しているという自慢にもならぬ自慢話にふれるだけにしておこう。つづく1959年（昭和34年）、4年生の僕はやっぱりテレビ漬けであった。『風小僧』、『矢車剣之助』、『変幻三日月丸』、『左近右近』がお気に入りの番組で、『とんま天狗』の歌を歌いながら遊びまわっていた。ただ一つ、『幕末物語・坂本龍馬』（和崎俊哉主演）最終回での龍馬暗殺の場面にショックを受けたこと、学校の図書館の本で龍馬について調べたことも懐かしい思い出だ。1960年（昭和35年）は社会・経済にとって大きな転換点であったと後に言われているが、5年生になっても僕には何の転換点も訪れず、ひたすらテレビを見て暮していた。『白馬童子』、『小天狗小太郎』、『竜巻小天狗』、『天馬天平』、『まぼろし城』、『琴姫七変化』など、チャンバラ映画は盛りだくさんで、この頃、『拳銃無宿』や『ララミー牧場』などのテレビ西部劇も黄金期に入っていたが、僕は相変わらずチャンバラ少年のままであった。1961年（昭和36年）、6年生になった僕はジュンコという同級生を好きになった以外は、やはりテレビ好きであった。『風雲黒潮九』、『真田十勇士』、『神州天馬侠』、『風雲児時宗』に夢中であったが、子母澤貫原作による『新選組始末記』を見て、今まで敵役としてしか見ていなかった新選組に興味をもったのがこの頃のことだ。

　1962年（昭和37年）、中学1年生の僕に少しだけ変化があったとすれば、日曜日7時からの『隠密剣士』よりも、その直前6時30分からの『織田信長』の方を面白く思うようになったことだ。『織田信長』と続いてこの翌年放映された『高杉晋作』によって、僕はチャンバラから歴史好きに変わっていったのかもしれない。後年、中島貞夫監督とお話した時、この両方とも若き日の中島さんが書かれた脚本だったと知って、僕は驚くとともにとても嬉しく思ったものだ。

7　チャンバラで歴史を学ぶ

「日本人は司馬遼太郎の本で歴史を学ぶ」という言い方で、日本人の歴史認識を皮肉った政治評論家がいた。確かに僕自身も高校時代から読んでいた司馬さんの小説を通して、たくさんの歴史上の人物やその時代を知った。しかし司馬さんの書いた小説を歴史そのものと混同したりはしていないつもりであり、小説はあくまでも興味を抱く重要な契機だったのだ。

　同様に幼い日、僕が歴史好きになったのは、まず祖母の寝物語で聞いた昔話や講談話からであった。毎晩のように寝床に入ってから祖母が聞かせてくれる源平盛衰記や太平記を、瞼の中で絵巻物にしながら眠りについた。

また祖母の話から川中島や関ヶ原を地図として思い浮かべることもあり、朝になって敷布団にまで日本地図が残っていたほどだ。そんな僕をさらに歴史好きにしたのは言うまでもなく、祖母に連れていってもらったたくさんのチャンバラ映画である。

最初に見た「新諸国物語」シリーズのうち『紅孔雀』は妖術合戦が中心であんまり歴史は出てこなかったが、『七つの誓い』では室町幕府再興などという言葉も出てきた。『黄金孔雀城』では、悪役として戦国の梟雄・松永弾正が登場し、主人公を助ける武将が小田上総介（伏見扇太郎が演じていたが）であった。『天兵童子』にはラストで高松城水攻めのシーンがあり、羽柴秀吉も登場する。『快傑黒頭巾』は幕末のお話で、勤皇の志士や新選組も出てきて、僕が幕臣・小栗上野介の名前を知ったのはこの映画からだった。

そんなわけで幼稚園か小学校低学年の頃から、絵本や子供向けの講談ものを読みつつ、チャンバラ映画を見ながら、僕は歴史好きになっていった。小学校高学年になって教科書に歴史の話が出てくると、僕は祖母の話やチャンバラ映画で知ったホンマにあったかどうか疑わしい「歴史物語」を得意になってしゃべるようになっていった、算数や理科の時間は静かに居眠っていたようだが。

『曽我兄弟／富士の夜襲』では片岡千恵蔵の源頼朝、大友柳太朗の畠山重忠を憶えている。『富士に立つ若武者』では月形龍之介が源義朝に、大川橋蔵が頼朝に扮し、平治の乱や頼朝挙兵が描かれていた。『源義経』では中村錦之助が義経、月形龍之介が弁慶を演じ、僕の大好きな大友柳太朗が源頼朝に扮した『源九郎義経』もあった。戦国ものでは、何と言っても中村錦之助主演の『独眼竜政宗』と『風雲児織田信長』に鮮烈な印象を受けた。前者には政宗の父・輝宗役で、後者では信長の後見役・平手政秀役で月形龍之介が出ていたし、進藤英太郎の演じた斉藤道三も記憶に残っている。『真田風雲録』という少々変わった映画では、千秋実演じるカッコ悪い真田幸村が登場し、大坂城落城の話が面白く描かれていた。

こうしてチャンバラ映画で描かれた人物や事件に興味をもって本を読んだりしているうちに、どこまでが歴史的事実でどこからが創作なのかを考えること自体が面白くなっていき、さらには歴史上の人物を映画の主人公にする場合、その人物を貧しく弱い民衆の味方として理想化していることにも気づいた。実際の歴史は正義が必ず勝つというほど単純なものではない、だからこそ国民は創作上のヒーロー像に拍手喝采するのではないだろうか。

8　西洋チャンバラ映画も面白かった

中学生になると、友人たちと連れ立って映画を見にゆくことが増えた。その中の、本がその後、僕の映画鑑賞史に多大な影響を与えることになるデビッド・リーン監督の『アラビアのロレンス』であった。チャンバラ映画に夢中になっていた中学1年生の僕が、なぜ『アラビアのロレンス』を見ることになったのか、詳しい経過ははっきりしないが、おそらく早熟な友人が「チャンバラなんか見てんと、こういう映画見んとあかんで！」とでも言ったのかもしれない。正直言えば、当時の僕にはこの映画の凄さはあまりわからず、ただ大画面の迫力に圧倒された記憶がある。これを契機に、チャンバラ映画と並行して、外国映画も見るようになっていった。西部劇や戦争映画もたくさん見たが、僕が一番気に入っていたのはスペクタクル史劇、つまりは西洋チャンバラ映画であった。

1950～60年代はセシル・B・デミル、サミュエル・ブロンストン、ディノ・ラウレンティスらの大物プロデューサーが巨額を投じて大型歴史劇を作っていた時代だった。僕は『十戒』、『ベンハー』、『エルシド』に主演したチャールトン・ヘストンのファンになった。とくに11世紀スペイン救国の英雄を描いた『エルシド』は、西洋チャンバラ映画の魅力満載の力作であった。日本刀よりも重そうな鋼鉄の剣を豪快に振り回し、馬上で長い槍をぶつけ合い、海岸線で騎馬軍団が激突したり重量級のチャンバラシーンが何度も出てくる。それだけではなく、陰謀渦巻く権力争いに背を向け、友愛に熱くひたすらスペイン民衆のために尽くして戦うエルシドは、日本のチャンバラ映画の主人公とそっくりであった。そして印象深いのが終幕、戦死したエルシドの遺体を生きているように馬に跨らせ、敵軍を蹴散らしてゆくのだが、死んだエルシドを乗せた白馬が海辺を遠ざかってゆくラストシーンに胸を熱くしたものだ。まるで「弁慶の立往生」か「死せる孔明、生ける仲達を走らす」かのような日本人好みの描き方であった。

先にあげた『十戒』、『ベンハー』をはじめとして、『バラバ』、『キングオブキングス』、『聖衣』、『クオ・ヴァディス』など聖書にまつわる映画もたくさん見たが、祖母が浄土真宗だったので僕はキリシタンには改宗することはなかった。ローマ帝国に対する剣闘士たちの反乱を描いた『スパルタカス』、ローマと北方ゲルマン民族との戦いを舞台とした『ローマ帝国の滅亡』、ウクライナをめぐるコサックとポーランドの戦いを描く『隊長ブーリバ』、北欧ヴァイキングを主人公にした『ヴァイキング』、『長い船団』も記憶に残っている。とくに『長い船団』でヴァイキングの勇者ロルフを演じたリチャード・ウィドマークはその後も僕のお気に入り俳優になった。このウィドマークがナイフの名手ジム・ボウイに扮したジョン・ウェイン製作・監督の『アラモ』も、西部劇と言うよりはチャンバラ映画に近いものだった。テキサス独立のためにメキシコの大軍から砦を守って全滅する義勇軍の姿は、日本のチャンバラ映画のようなカタルシスを感じさせた。

しかし、こういう大スケールの映画を見た後で当時のチャンバラ映画を見ると、どうしても見劣りすることは仕方なくて、ちょうど同じ頃、リアリズム時代劇の登場もあって、一世を風靡した東映チャンバラ映画人気も急速に衰えてゆくことになるのだ。

9　歌舞伎とチャンバラ映画

僕の水彩画の師匠・川浪進先生のご妻女である川浪春香さんは、小説家であるだけでなく歌舞伎評論家としても活躍されている。時に触れ歌舞伎についてのお話を拝聴する機会に恵まれている僕だが、実際に歌舞伎を鑑賞することはあまりなかった。今春、春香さんやお嬢さんのお計らいで京都南座「五月花形歌舞伎」を観る機会を得た。演目は「伊達の十役」というもので「伽羅先代萩」で知られる伊達騒動を、当代の人気役者・市川海老蔵の十役早替りで見せてくれた。歌舞伎知識ゼロに近い僕にでも理解できる筋運びと華麗な舞台を楽しみながら、「やっぱりチャンバラ映画の原点はここにあったんや！」という確信を得ることができた。

歌舞伎では、舞台に登場しただけで、主役（二枚目）と悪役がはっきりわかる。ストーリーも大概がよく知られたもので、とりわけ意外性のある展開やどんでん返しがあるわけではない。お馴染の役者が華麗な衣装で得意芸を披露し、義太夫や舞踊を取り入れた華麗な音曲もその魅力だ。立ち回りも出てくるが、刀と刀がぶつかることはない。舞台上手のツケ打ちの音が斬り合いをリズミカルに演出しているだけで、刀が身体に触ってもいないのに、斬られた相手はのけぞって舞台から消えてゆく。それでも観客は、拍手喝采しカタルシスを得ることができるのだ。観客は歌舞伎の舞台に決してリアリズムを求めてはいないのだ。

今、東映チャンバラ映画を見直すと、歌舞伎と同じ様式があることがわかる。まず主役は二枚目（または二枚目半）に決まっているし、悪者は最初に登場しただけで大抵の場合すぐに見分けられる。『旗本退屈男』や『若さま侍捕物帖』などの人気シリーズでは、主人公は着流しの派手な衣装で江戸の町を歩き、一本の映画の中で何回も着替える。敵の隠れ家へ乗り込む時と悪者たちをやっつけて出てきた時では着物が異なっているが、いったいどこで着替えたのかな、と野暮な疑問は抱かせない。暗闇の洞窟でも主役にはいつもスポットライトがあたり続けている。悪人どもを大量に斬り捨てるが、斬られた怪我人や死体はどこにも転がっていない。それでも僕らはスクリーンに向かって拍手を送っていたのだ。つまり歌舞伎同様に東映チャンバラ映画に対して、僕らは決してリアリズムを期待していなかったのではないだろうか。

先年、中村梅雀さんとお話した際、「時代劇をやる場合、歌舞伎の経験がとても役に立ちます」とおっしゃっていた。戦後、映画会社は新しい時代劇スターを歌舞伎の若手役者に求め、中村錦之助、大川橋蔵、市川雷蔵らが育ったが、人材だけでなく映画の題材や脚本にも歌舞伎の影響は多大なものであったと言える。

そもそも現存する最古の日本映画フィルムは１８９９年（明治33年）撮影の『紅葉狩』だと映画史の本に書いてあり、これは歌舞伎の舞踊を撮影したドキュメンタリーで、九代目市川團十郎と五代目尾上菊五郎が出演していたことも何やら象徴的な出来事のようにも思える。映画とリアリズムという芸術文化論にかかわる重要問題を考える時、この歌舞伎とチャンバラ映画の関係をもっと深く研究してみる必要があるのかもしれない。

10　リメイク時代劇を考える

ハリウッド映画をはじめ世界の映画界でリメイクが盛んである。ヒッチコック監督の『ダイヤルMを回せ』が『ダイヤルM』、ルネ・クレマン監督の『太陽がいっぱい』が『リプリー』、ビリー・ワイルダー監督の『麗しのサブリナ』が『サブリナ』、というタイトルでそれぞれ新しい映画になったが、最近リメイク映画がやたら多いことをどう考

えたらいいのだろうか。

「話のネタが尽きつつある」という説もあるが、僕はこの考えに必ずしも同意できない。喜びと悲しみを背負って人間が生きている限り、文学や絵画や音楽など芸術の創造にネタ切れなどないと思いたいからだ。問題はそれを商売と考えた場合のことではないだろうか。とくに巨大な投資とその回収使命を余儀なくされた映画産業には、「モノになるネタ」としてかつての名作を求め、そのリメイクを考える傾向があるのかもしれない。

リメイク映画の最大リスクは前作のほとんどが名作・秀作との評価が高いため、新作は否応なくそれと比べられることだ。とりわけ登場人物のキャラクターが前作の出演俳優のイメージで観客の目に焼き付いているので、新作の俳優にとって分が悪くなることはやむを得ない。逆にリメイクの利点は、前作映画が最大の予告編として、新作封切に向けた宣伝の役割を果たしてくれることだ。もう一つ、特筆すべきことは、前作が映画人気の高かった時代に見られていたため、「あの映画のリメイクなら見てやろうか」と思う人数が現在の観客動員数と比べて大きく期待されることかもしれない。

近年、名作時代劇が立て続けにリメイクされた。黒澤明監督の『羅生門』(『MISTY』というタイトル)、『椿三十郎』、『隠し砦の三悪人』、東映チャンバラ映画の『梟の城』、『次郎長三国志』、『十三人の刺客』、『丹下左膳』、大映の人気シリーズ『座頭市』、小林正樹監督の『切腹』(『一命』というタイトル)などがスケールアップされ次々に映像化されている。

それらが成功作であったかどうかは一概に評価できないが、リメイク映画成功の要素は以下の3つだと僕は考えている。まず第一に素材の同時代的意義の追及、現代的解釈が十分かどうかだ。第二に発達したテクノロジーを駆使した新たな映像・音響・美術などが効果的に活用されているか、第三には世代変わりした監督や俳優をはじめとするスタッフ・キャストの新しい才能が発揮されているかである。最近のリメイク作品では、このうち第一、第三の要素はそれなりに感じることができた。しかし僕が第一にあげた点で、残念ながら満足できる作品は見当たらない。

かつて日本映画の父・牧野省三は「一筋、二抜け、三動作」という言葉で、「筋」つまり脚本の重要性を説いたと言われている。やはり最大の課題は、現代人に求められる素材を見つけ、それを面白いシナリオにする脚本力ではないだろうか。この面から見て、韓国時代劇で有名なイ・ビョンフン監督の成功の最大理由は、歴史に埋もれた人物を掘り起しつつ、民衆の求める理想の政治・行政のあり方を現代的視点からきちんと脚本化しているところにあるように思う。そんな脚本を一本だけでも書ければという見果てぬ夢を僕は抱き続けているのだが。

続々チャンバラ映画私史

1　素浪人の美学

40年間のサラリーマン生活にピリオドを打ってまもなくの頃、「勤めをやめた後、何をしているのか」と親しい友人から聞かれた。何気なく「今は天下の素浪人！」と答えたが、われながらこの言葉が気に入って、人に聞かれることがあるとそう答え、ことのついでに「朝は寺子屋で長屋の子供たちに習字と論語を教え、昼間は傘を張ったり虫籠を編んだり、夜はやくざの賭場の用心棒で何とか生計を立てとるわ。そうそう時々、深夜労働の辻斬りや利根川の大喧嘩への出張もあるんや」と付け加えることにしている。

それにしても「天下の素浪人」、なんとも清々しい響きではあるまいか。青空の広がる街道をのんびりと歩く大友柳太朗の姿が目に浮かぶ。いやそれほどに僕が幼い頃に見た東映チャンバラ映画の中で、大友柳太朗は最も素浪人姿が板についた俳優だったように思う。月代を剃らない浪人髷、着流し姿も悠然と、いつも笑顔を絶やさない大友柳太朗の演じる素浪人に幼い頃から憧れていた。裃をつけて窮屈な城中勤めをしている侍たちよりも、破れ長屋で自由に暮らしながら、弱きを助け強きをくじく素浪人の方が、少年の僕には断然かっこよく見えていたのだろう。

吉良邸に討ち入った赤穂浪士や井伊大老を桜田門外で襲撃した水戸浪士、あるいは池田屋で新選組と斬り合った尊攘討幕浪士も、身分上はみんな浪人なのだが、何か目的に縛られた窮屈さがあって魅力が感じられないのだ。

古い映画では、戦前に大河内傳次郎主演の『素浪人忠弥』（１９４１年）があったが、戦後ＧＨＱ支配下、阪東妻三郎主演で作られた『素浪人罷り通る』（１９４７年）がとくに有名だ。中村錦之助が中山安兵衛に扮した『紅だすき素浪人』（１９５６年）も憶えている。テレビでは近衛十四郎の『素浪人月影兵庫』や『素浪人花山大吉』、三船敏郎の『荒野の素浪人』などもあったが、題名に「素浪人」という言葉がついているだけで僕は反応してしまったものだ。

ところが僕の愛用する『新明解国語辞典』でこの「素浪人」を引いてみると、「お金も後援者も無く、取り上げて言うに足らぬ浪人。（けいべつした言い方）」と書いてあるではないか。つまりただ「浪人」と言うよりも、「素浪人」は１ランク下を意味するらしい。ちなみに同辞典によれば、「素」は「その物だけ、ほかの物が加わらないことを表わす」造語成分とのことで、例として「素うどん」、「素っ裸」、「素足」、「素肌」という言葉が書いてある。もう一つ「ただの、地位も財産も無いことを表わす」とも書いてあり、その例が「素浪人」なのだ。ああ、そうか、僕が半世紀以上にわたって憧れ続けていた「素浪人」は「浪人」よりも下なのか、そう思うとなにか哀しくなってしまった。

しかし辞典の次の項目に目を移した僕は歓喜に身を震わせた。「その状態が普通の程度を越えており、ただ驚くばかりであることを表わす」接頭語であり、その例として「すばしっこい、素早い」とも書いてある。「よおっし、これでいこう！」、僕は思わず万年筆を握る指先に力を入れた。僕にとって、「素浪人」の「素」は接頭語の方なんや、そして「天下の素浪人」こそは今も「素晴らしく素直で素敵な」浪人のことに他ならないのだ。

2　馬が走る

50年程前のテレビ番組に『ミスターエド』というアメリカ映画があったのをご記憶の方はおられないだろうか。おられないだろうなあ、いや先日も小学校の同窓会でこの題名を言った時、「そんな古いこと憶えているのは、他に憶えることのないお前くらいや」と言われたから。ところが「馬がしゃべる話やけどな」と付け加えた途端に、「それなら俺知ってるわ」、「私も憶えてる」という同窓生がぞろぞろ出てきたのだ。今ならＣＭで犬がしゃべっても誰も驚かないが、昭和30年代には、「馬がしゃべる」だけでびっくりするほどみんな純情だったのかなあ。
いや、本稿で「馬がしゃべる」ことを書くつもりはない。馬はしゃべるのではなく走るものだ。少年の僕がチャンバラ映画を見て興奮した「馬が走る」シーンを思い出してみたいのだ。
「馬が走る」シーンと言うと、僕よりも一世代上の人は嵐寛寿郎の『鞍馬天狗』をあげる。勤皇の志士や杉作少年の身が危ない時、鞍馬天狗が白馬に乗って駆けつけるシーンに、映画館内は拍手で大いに盛り上がったらしい。

戦後生まれの僕は何度も書いたように、リアルタイムではアラカン鞍馬天狗を見ていない。これに代わって僕を興奮させたのは、言うまでもなく大友柳太朗の『快傑黒頭巾』だった。このシリーズは資料によると全9部作となっているが、大ファンを自称する僕でも今となっては各編を詳しくは憶えていない。ただそのほとんどの作品に黒頭巾が白馬で駆けるシーンが入っている。馬が走る場合、よく波打ち際が映り、水しぶきを上げながら走るのが、かっこよかったのだが、よくよく考えると急いでいるのになんであんな走りにくい浜辺を走ったのであろうか。しかしそんな野暮な疑問を持つ不届き者は、当時の純情少年たちの中には一人もいなかった。

僕が子供の頃に見た映画で、印象に残っている「馬が走る」シーンを思いつくままにあげてみよう。まず吉川英治原作の『月笛日笛』（1955年）からだ。これは少年向けの3部作で伏見扇太郎が出演していたが、残念ながら筋書きなどほとんど記憶にない。ただ最初の方に登場した競べ馬のシーンが強い印象に残っている。つづいて『鬼面竜騎隊』（1957年）は、鬼の面をつけた正義の騎馬隊が悪人たちをやっつける話で、この鬼面を彫っているお婆さん役に毛利菊枝さんが出ていたのを憶えている。『風雲児織田信長』（1959年）では、信長が父信秀の葬儀へ馬で駆けつける場面から始まり、クライマックスでは豪雨をついて桶狭間の今川義元本陣へ斬り込む織田軍の騎馬シーンが迫力満点であった。中学生になってから見た映画では、『柳生武芸帳／片目水月の剣』（1963年）、この映画で近衛十四郎演じる柳生十兵衛と野武士の首領（確か大木実が扮していたような）馬上のチャンバラで手に汗を握ったものだ。また何度か取り上げた集団時代劇の名作『十三人の刺客』（1963年）では、朝霧の中から馬蹄の響きとともに敵方・明石藩の騎馬隊が徐々に現われるシーンは今も忘れられない。

このように映画のクライマックスシーンとして「馬が走る」だけで観客は何故か興奮するのだ。これは西部劇にもあてはまるし、ひょっとしたら現代のハリウッドアクション映画で必ずと言っていいほどにカーチェイスが出てくるのと同じなのかもしれない。

3　あの頃のショック

「馬がしゃべる」でびっくりした昭和30年代前半の僕ら純情少年のことは先述した。今ではド派手なハリウッド映画で慣れっこになって、宇宙船が飛び回っても巨大恐竜が襲ってきても人間のお腹からエイリアンが出てきても、ちょっとくらいのことでは観客は驚かない。しかしコンピュータグラフィックスやSFXなどのなかった時代、ぬいぐるみのゴジラがちゃちなミニチュアの町を踏みつぶすだけでびっくり仰天していた僕にとって、チャンバラ映画の中にもショックを受けたシーンがいくつかもあったものだ。

幼稚園児の頃に見た『新諸国物語・紅孔雀』では、吉田義夫演じる悪辣な網の長者よりも怪しいマジナイで主人公たちを金縛りにしたりする妖術使いのバアさん（黒刀自）が怖くて、夢にまで出てきて苦しめられた記憶がある。何よりもショックだったのは、この黒刀自に扮していた毛利菊枝さんという女優さんと、僕の祖母がご近所同士の知り合いだと知ったことだ。「ばあちゃん、なんであんな怖いバアさんを知ってるんや、もしも僕の家へ入ってこられたらどうするんやろ」と真剣に悩むカワユイ僕だったのだ。

続いて見た『新諸国物語・七つの誓い』では、中村錦之助演じる主人公・五郎が悪者たちにつかまり、見世物として巨人と決闘させられるシーンもショックだったし、奴隷船で鉄の足枷をはめられ、鞭打たれながら船を漕がされる場面も怖かったなあ。僕の大好きな『快傑黒頭巾』シリーズではハラハラドキドキさせられたが、ショックをうけるようなシーンはあまりなかったようだ。そうそう一つだけシリーズのうちのどの映画かは定かでないのだが、牢獄で責めたてられた男が舌を噛んで自殺するシーンで、苦しそうに目を剥いてこと切れる男の顔が強烈な印象に残っている。僕はどうも緊縛ムチ打ちコンプレックスがあるみたいだなあ。

『独眼竜政宗』で中村錦之助演じる政宗が、敵の矢で右目を射られる雨の中のチャンバラシーンには強烈な印象が残っている。黒覆面の武士が放った矢が政宗に向かってピューンと飛んでいき、右目にブツンと突き刺さるのだが、僕自身の目に矢が刺さったみたいにショックを受けた。当時の撮影技術としては抜群に迫力あるシーンであった。後年、この映画がテレビ放映された時、ビデオ録画しておいた僕は、このシーンをスローモーションとコマ送りで再生して見たが、弓の弦を放れた矢が政宗めがけて飛んでゆくカットと右目に矢を受けた政宗のアップを上手くつないでいることがわかった。

その後、ヤコペティ監督の『世界残酷物語』(1962年)が話題になったり、『用心棒』(1961年)、『椿三十郎』(1962年)、『切腹』(1962年)などの時代劇ヒットの影響から、東映でも残酷チャンバラ映画が次々と作られるようになっていった。この頃にはもう中学生になっていた僕だが、『武士道残酷物語』(1963年)や『幕末残酷物語』(1964年)ではショッキングなシーンがたくさんあり、「見たし怖し」で画面に見入っていたものだ。そのうちにだんだんショックに慣れてはきたが、今もってホラー映画やゾンビ映画は夜のオシッコのことを考慮し、見ないようにしている。

4　忍者映画の変遷

幼い頃から祖母の寝物語や講談本、さらにはマンガをとおして猿飛佐助や霧隠才蔵のことは知っていた。いや僕だけでなく、「真田十勇士」や「里見八犬伝」などは、当時の子供たちにとっての一般常識だったのだ。数年前

のこと、『ハートロッカー』というアメリカ映画がアカデミー作品賞を獲得して話題となった。この映画はイラク戦争での米軍・爆弾処理班たちが主人公だったので、僕はこの人たちはまさに「地雷屋やなあ」と言ったが、聞いていた若い人たちはポカーンとしている。そうか、若い世代には「児雷也」を知らないのかと思い至り、あーあ、ダジャレも通じないのかと少々情けなくなった。ところで巨大なガマの背中に乗って呪文を唱える児雷也だけでなく、猿飛佐助や霧隠才蔵のことを、その頃の僕らは「忍術使い」と呼んでいた。そうだ、「忍者」という言葉は比較的（？）新しいのだ。

『新諸国物語・紅孔雀』に怪しげなマジナイで主人公たちを苦しめるバアさんが出てきたことはすでに書いたが、この黒刀自のことを映画の中では「妖術使い」と呼んでいたし、他に信夫一角という悪者も妖術を使っていた。『新諸国物語・黄金孔雀城』では総天然色の大画面に、弦九郎（吉田義夫）と黒冠者（里見浩太朗）の正邪の忍術合戦が展開し、少年の僕らを興奮させたものだ。

このあたりまでは、児雷也同様に巻物を口に咥えて印璽を切り、稲妻の中から突如として現れたり、煙と共に忽然と消えてしまったりで、その呼び名も忍術使いだったようだ。そんな中で、柴田錬三郎原作の『赤い影法師』（1961年）は少し趣が異なり、若影（大川橋蔵）と服部半蔵（近衛十四郎）の決闘をリアルに描いていた。そうそう、この映画には柳生十兵衛（大友柳太朗）や柳生宗矩（大河内傳次郎）も登場していたのを思い出した。

しかし何といっても忍者のイメージを大きく変えたのは、市川雷蔵主演の『忍びの者』（1962年）だった。これは村山知義原作、山本薩夫監督のリアリズム映画だが、製作会社が東映でなく大映だったので僕は封切時に残念ながら見ていない。高校生になって名画座で見て、この映画のもつ新たな社会的視点に感心したものだ。この映画の影響からか、翌年、東映でも司馬遼太郎原作の『梟の城』が大友柳太朗主演で映画化され、相次いで『十七人の忍者』、『忍者狩り』などが作られた。この頃からかつての「忍術」に代わって、忍法や忍者という言葉が主流になっていったようだ。
また大映『忍びの者』封切と同時期にテレビ放映された『隠密剣士』も、忍者ブームを過熱させる役割を果たした。主役・秋草新太郎（大瀬康一）を助ける伊賀忍者・霧の遁兵衛（牧冬吉）が、さまざまな忍者道具を駆使して活躍する姿を通して、僕ら少年は忍びの道を学んだ。さらに1964年、東映テレビプロ第1回作品として『忍びの者』が放映された。これは大映『忍びの者』のテレビ版で品川隆二が主役・石川五右衛門を演じ、この時に明智光秀役で栗塚旭さんが出演していたこともなつかしく思い出す。

さらに中島貞夫監督が山田風太郎原作『くノ一忍法』を映画化したのも、藤子不二雄『忍者ハットリくん』がテレビに颯爽とデビューしたのも同年だから、この頃が忍者映画の一大隆盛期だったのかもしれない。

5　またまた股旅でござんす

「旅する剣士たち」というタイトルで、股旅映画のことに少しふれたことをご記憶の方もいらっしゃる……いや、忙しい世相の中でそんなどうでもええことをいちいち憶えている奇特な人がいるわけないだろうが、まあそれはともかく、またまた股旅ものについて書こうと思う。チャンバラ映画の中でも僕はこの街道ものが好みで、それが高じて旅行好きオヤジになったのかもしれない。
股旅ものと言えば、何と言っても長谷川伸の世界だ。長谷川伸はもともと新聞記者もしていたとのことだが、母との生き別れや辛酸をなめた前半生を肥しにして多くの戯曲を書いて有名になった人のようだ。弟子には村上

元三、山手樹一郎、山岡荘八など僕らの世代が若い頃に読んだ時代小説の有名作家がたくさんおり、あの池波正太郎もエッセイで長谷川を師と仰いだことを何回も書いている。股旅という言葉そのものが、「旅から旅を股にかける」というところから長谷川が作ったものらしい。映画が始まってすぐのタイトル文字に「原作・長谷川伸」という名前を見ただけで、僕らチャンバラ映画少年は胸がワクワクしたものだ。

その代表作は東映で映画化された『瞼の母』(1962年)、『関の彌太ッペ』(1963年)、『沓掛時次郎』(1966年)で、いずれも中村錦之助主演だった。三本とも心に残る名作だが、僕は『関の彌太ッペ』が一番好きだ。とくに愛おしい人と再会しても名乗り出ることができない哀しみを胸に、渡世の義理から死地に赴く主人公の後姿が映し出されるエンディング、そこに流れる木下忠司の哀調を帯びた音楽が忘れられない。

長谷川伸の原作ものでは他に『一本刀土俵入』、『雪の渡り鳥』、『中山七里』も有名だが、三本とも東映ではなく大映で映画化されたので、リアルタイムではそのどれも見ていなくて、大人になってから名画座やテレビ放映で見た。また『弥太郎笠』という股旅ものの名作が、鶴田浩二、市川雷蔵、中村錦之助をそれぞれの主役に映画化されており、僕はてっきり長谷川伸原作かと思い込んでいたら、これは子母澤寛だったと後になって知った。

東映では錦之助と人気を二分した大川橋蔵の主演で「草間の半次郎」シリーズが四本作られたが、女にモテモテの明るく楽しい道中もので羨ましかったけど、先述した錦之助主演三部作のような哀感はなかった。やはり股旅は寂しい一人旅でないとアカンのだ。ただ第4作『霧の中の渡り鳥』(1960年)だけはラストで『瞼の母』みたいな哀調漂う展開で「おっ」と思ったのだが、そこへ三波春夫の歌が流れてガックリした。

もう一本つけ加えたいのは僕が高校1年生の時に見た『股旅/三人やくざ』(1965年)だ。これはチャンバラ映画には珍しいオムニバス形式で、仲代達矢演じる影ある渡世人が印象に残っているが、若き日の中島貞夫監督が脚本の共同執筆者の一人だったと後年になって知った。

この時期を前後にして、東映チャンバラ映画が衰退していったことには何度も触れた。同時に股旅映画も終焉を迎え、その暗い部分は東映任侠映画に引き継がれ、明るい部分を継承したのがご存じフーテンの寅さんシリーズではないかと僕は思っている。

6　東映城のお姫様たち

今は亡き文学の師・福島昌山人先生と映画談議をする時、まずお互いが最近見た映画から始まるのだが、いつの間にか話題は古い映画に移ってゆき、それぞれの青春期に見た映画の話で盛り上がるのだ。僕よりひと回り年上の昌山人師匠だったが、娯楽としての映画全盛期を過ごした者として思い出を共有できたことは幸せであった。以前にも書いたが、師匠は悪役・脇役俳優に造詣が深く、東映チャンバラ映画の俳優にも詳しくて、頼りない三枚目風の田中春男、堺駿二、星十郎、杉狂児などのことも話題になった。しかし女優の話はあまり出なかったが不思議で、「僕らホモと違うのにな」と言う師匠の瞳が妖しく潤んでいて、思わず身震いしたりした。

本稿では、東映城に美しく咲いたお姫様たちについて書いてみよう。僕がチャンバラ映画をたくさん見ていた昭和30年代前半、「東映城の三人娘」と呼ばれる女優がいた。

まず丘さとみ、ぽっちゃりした健康的な感じの人で、『新諸国物語・七つの誓い』や市川右太衛門「旗本退屈男」シリーズなどで顔なじみになった。内田吐夢監督の『宮本武蔵』五部作では、武蔵を慕いながら身を持ち崩してゆく朱美役を演じていたし、『赤穂浪士』（昭和36年版）では上杉方の女間者・お仙に扮し大友柳太朗演じる堀田隼人とのシーンが印象に残っている。後年、テレビ『新選組血風録』で土方に恋心を抱くおみねという役で、第1話と第6話にゲスト出演していた。

つづいて大川恵子、この人は気品のある大人しいお姫様が似合っていた。中村錦之助の『独眼竜政宗』の愛姫役、『幕末の動乱』の幾松役、『瞼の母』では忠太郎の妹役なども記憶にあるが、昭和37年に引退してしまった。その後、年賀状のやりとりもしていないので、お元気なのかどうか不明だ。大川さん！　もしもこのエッセイを読まれたら、一度近況などお知らせください。

もう一人は桜町弘子、この人は武家娘も町娘もよく似合い、『若さま侍捕物帖』のお糸や『新吾二十番勝負』のお縫役を憶えているが、大友柳太朗の『丹下左膳・濡れ燕一刀流』で左膳が秘かな思いを寄せる盲目の娘役が印象的であった。もう今さらマスコミに騒がれることもないので安心して打ち明けるが、実は僕が子供の時、三人娘の中で一番好きだったのはこの人だった。でもこのことは丘さんや大川さんには内緒にしておいていただきたい。

以上の「東映城の三人娘」より少し年上で、年増女風の役回りだったのが、長谷川裕見子、千原しのぶ、高千穂ひづるの三人であろうか。「丹下左膳」の奥さん（？）櫛巻お藤とか、色っぽい鳥追い女などで、何度も見ている。逆に「三人娘」より少し若い世代としては、後に山城新伍夫人となった花園ひろみや『宮本武蔵』五部作で可憐なお通さん役で有名になった入江若葉もいたし、佐久間良子や三田佳子もチャンバラ映画で何回か見たことがある。東映チャンバラ映画の最晩年の『十三人の刺客』や『幕末残酷物語』に出ていた藤純子が、チャンバラに代わる任侠路線のヒロインで名をあげたことは皆さんご承知のとおりだ。

そうそう別格で美空ひばりも全盛期の東映チャンバラ映画に出ていたが、何故かこの人が登場すると和製ミュージカルになってしまうので、本稿では取り上げなかったこと、悪しからずご了承いただこう。

7　黒澤時代劇の衝撃

数年前、「キネマ旬報」誌が読者投票によるオールタイムベストテン映画を選んだ。洋画部門の第1位は『第三の男』、邦画部門では黒澤明監督の『七人の侍』であった。

この『七人の侍』が封切られた昭和29年（１９５４年）、奇しくも東映チャンバラ映画黄金時代のきっかけとなる『笛吹童子』三部作が封切られているから、東映VS黒澤の闘いはこの時から始まっていたわけだ。でもその頃、祖母が一緒でないと幼稚園にも行けないイジケ幼児だった僕は、残念ながらそのどちらもリアルタイムでは見ていない。

黒澤明はその生涯で30本の映画を監督し、そのうち時代劇は10本つまり3分の1にあたる。『七人の侍』以前につくられた『羅生門』（１９５０年）は、言うまでもなくヴェネチア映画祭グランプリを獲った作品で、三船敏郎と森雅之のチャンバラシーンもあるが、やはり黒澤時代劇は『七人の侍』から始まると言っていいだろう。僕は高校生の時に、リバイバル上映で初めて見たが、中学生の時に『荒野の七人』を先に見ていたため、逆に黒澤監督がジョン・スタージェス監督の真似をしていたかのような錯覚におちいった。後年、この日米映画二本を何度も見直す中で、黒澤映画の素晴らしさを確信した。

しかし東映チャンバラ映画に大きな衝撃を与えたのは、何と言っても『用心棒』（１９６１年）と『椿三十郎』（１９６２年）だったのではないだろうか。『用心棒』が封切られた時、小学6年生の僕は「何かムサクルシイひげの浪人が主役らしいけど、やっぱり浪人は大友柳太朗でないとアカン」と見に行かなかった。しかし翌年の正月映画として『椿三十郎』が封切られた時、新聞広告に「40秒で20人を叩き斬る三船敏郎」と書いてあったのを見て、「チャンバラ映画ファンとしては見とかんといかんのかなあ」と思った記憶がある。しかし実際に見たのは、数年後、中学生になってからの名画座での「黒澤時代劇二本立」であった。

総天然色で描かれた絢爛たる歴史絵巻とも言うべき東映チャンバラ映画を見慣れていた僕には、あのモノクロ映像、砂塵舞う宿場や城下での斬り合いは何とも陰惨なものに感じられ、まず最初に拒否反応を起こした。『用心棒』では、やくざの手下（確かジェリー藤尾が演じていた）が用心棒に片腕を斬り落とされ「痛い！　痛い！」と転げまわるシーンや巨漢男に用心棒が投げ飛ばされるアクションにびっくりしてしまった。『椿三十郎』の終盤、血が噴き出す決闘シーンに衝撃を受けたのは言うまでもない。一方で物語展開の面白さにはぐいぐいと引き寄せられて、上映後、外国映画とくに西部劇を見たような感覚を得たが、黒澤時代劇と東映チャンバラ映画を比較する気持にはならなかった。

時代劇映画史関連の本を読むと、これを機に勧善懲悪主義のストーリー、歌舞伎の様式美をベースにした映像表現、二枚目俳優中心のキャスティングなどが、大幅に見直されていったと書いてある。しかし幼い頃から数多くのチャンバラ映画を楽しんでいた僕は、今も東映チャンバラ映画と黒澤時代劇を異質のものとして、均等に評価できることを幸いだと思っている。

8　司馬文学の映画化

司馬遼太郎の小説は面白いのだが、映像化するのは困難だとよく言われている。その第一の理由は物語のスケー

ルの大きさだ。つまり時間的には主人公の一生ものが多く、場合によってその前後二代、三代が描かれている。また空間的にも日本全体あるいは地球的規模での物語展開を、一本の脚本にするのは容易なことではない。第二に司馬の小説の面白さは、歴史を鳥瞰している天からの眼、あるいは作家の語り口にあるのだ。信長や竜馬をいかに魅力的に演じようと、それだけでは語りつくせない司馬流説話の妙味を引き出すのは難しいのではないだろうか。この点では藤沢周平や池波正太郎の小説の方がきっと映像化しやすいかもしれない。

また司馬の代表作には長編小説が多いので、2時間程度の映画では無理があるのだろう。逆に一年間かけて描くNHK大河ドラマの原作になるケースが多く、数年前の『坂の上の雲』のように三年がかりのものまで出てきた。それでも原作を超えられたものはあまり見当たらない。唯一の例外は、東映テレビプロの初期作品『新選組血風録』と『燃えよ剣』で、これらは司馬遼太郎も楽しみに見ていたという話が残っているくらいだ。

小・中学生の頃、司馬原作の映画を見たのは『忍者秘帖／梟の城』（1963年）だ。タイトルに「忍者秘帖」と付け加えられているのが、いかにも東映らしいところで、これを司馬さんがどう思ったのか聞いてみたかったなあ。僕のご贔屓俳優・大友柳太朗主演なので見たが、ラストは東映調に明るく楽天的な描き方であった。ほぼ同時期に見たのが『新選組血風録／近藤勇』、やはりこれにもタイトルに「近藤勇」が書き加えられているとおり、内容も従来の新選組映画同様に近藤勇が主役で、山南敬助脱走や油小路事件を扱いながらも土方歳三中心の原作とは大きくかけ離れていた。何しろ近藤を演じるのが市川右太衛門だから、天下御免の旗本退屈男が池田屋に斬り込んで来たみたいな雰囲気であった。これには温厚な司馬さんも怒り、「もう東映には原作を貸さへん！」と言ったらしい。そのため先述した東映テレビプロが『新選組血風録』のテレビ映画化の話をもっていった時、なかなか了解がとれなかったとのことだ。

高校生になってから見た『土方歳三／燃えよ剣』（1966年）は言うまでもなく、先にもふれたテレビ映画『新選組血風録』の好評に応えた栗塚旭主演の松竹映画だった。このタイトルにも「土方歳三」が付け足されており、原作どおり三多摩時代の喧嘩屋の歳三から始まるが、残念ながら池田屋事件までしか描かれていない。当初は続編も作られる予定だったが、諸般の事情から1本で終わったようだ。これ以前にも松竹が「奇妙なり八郎」を映画化した『暗殺』（1964年）、「城を盗る話」をもとにした石原裕次郎主演の日活映画『城取り』（1965年）もあったが、僕はリアルタイムでは見ていない。なお大映にも『人斬り』（1969年）、『尻啖え孫市』（1969年）があり、とくに「人斬り以蔵」を原作にした前者はなかなか見ごたえのある映画だった。

これ以降、30年間ほどは映画化されていなかったが、司馬さんの死後、1999年になって『御法度』（『新選組血風録』の中の一編が原作）と『梟の城』の2本が作られたのは記憶に新しいところだ。

9　映画館へ行こう！

幼稚園児の頃からの友達ツトムちゃんと高校同窓会で久しぶりに会った。昔ばなしの中で、「小学生の頃から一緒に映画を見に行ったなあ」とツトムちゃんが懐かしそうに言ってくれたので、僕はとても嬉しく思った。学校が休みの日に二人で見に行った映画は、やはりチャンバラ映画が多かったようだ。「いちばんよう行ったんは、ええっと……」、半世紀以上前のことを思い出しながら、二人の口から同時に出た言葉は、「エンパイア！」。

「エンパイア」とは、寺町御池付近にあったエンパイア映画劇場のことだ。新聞社ビルの4階か5階にあった映画館で、エスカレーターもエレベーターもないビルの狭い階段を何階も上がるとやっと上映ホールがある。東映だけでなく大映や東宝の映画を封切から少し遅れて上映するいわゆる二番館で、小学生料金が確か30円、その上にお菓子までくれる親切な映画館だった。僕の記憶では新京極に菊映、弥生座、コマ劇場などいくつもの三番館があったし、何しろ京都の町には映画館がたくさん軒を連ね東映封切館だけでも4〜5軒あったのではないだろうか。

当時の映画館は今と違って上映中でも自由に出入りできた。新聞の映画欄で上映時刻を前もって調べるという知恵もなかった僕とツトムちゃんは、とにかくこっちの都合でエンパイアへ出かけていくのだ。当然ながら上映途中に入る確率の方が高いので、重いドアを開け分厚い黒いカーテンからのぞくと正面の壁いっぱいに明るい画面が映っている。館内は消防法のうるさい現在と違って真っ暗で、「禁煙」と書かれているがタバコの煙が充満していた。うまく二つ並んで空いた席を見つけられたらいいのだが、人気の高い映画の場合、満席状態で立って見ている人が大勢いるくらいだ。僕らは座席間の通路に座ったり、スクリーン間近の床から見上げていたこともあった。休憩中に運よく並び席を見つけて座れたらもうこっちのものだ。エンパイアでは三本立上映が普通だったが、入替制ではなかったので、途中から見た場面まで見ることができた。三本立で、しかも最初にニュースと漫画（ディズニーの短編）も付いており、モノクロのニュースとカラフルな漫画映画の取り合わせも懐かしく思い出す。

あの頃の繁華街のシンボルの一つが映画館前に立てられた映画看板だ。それでなくても大きな顔の片岡千恵蔵の遠山の金さんや市川右太衛門の旗本退屈男の三頭身姿がベニヤ板いっぱいに描かれて入口に立っている。現在のようにポスターの拡大印刷の技術がなかった時代だから、映画看板描きが職業として成り立っていたのだろう。絵が好きだった僕は秘かにこの仕事にあこがれていた。

小学3年生の僕がチャンバラ映画に胸をときめかせていた昭和33年（1958年）、日本で映画観客動員数が年間11億2700万人というピークに達していたが、現在では1億5000万人に減少してる。今では封切から半年も立たずにDVD化されて家で見ることができるから、ついつい映画館から足が遠のくのだろう。しかし映画はやっぱり映画館で見るものだ。さあ皆さん、せいぜい映画館に行こうではないか！

10 ラストシーンあれこれ

小学生の頃、「少年画報」連載のマンガ『赤胴鈴之助』に夢中になり、単行本を貸本屋で借りて読むのが楽しみであった。その中で「大団円」という文字を見て、その意味がわからなかったので祖母に聞いたら、「めでたしめでたし、これでお終いと言うことや」と教えてくれた。この「ダイダンエン」を何故か気に入った僕は、6時間目の授業が終わると「ハイ、ダイダンエン」などと、やたらこの言葉を使っていた記憶がある。

さて勧善懲悪主義の東映チャンバラ映画は、ラストは必ずこの大団円となり、画面いっぱいに「終」というタイトルが出ることに決まっていた。そうだ、これは一種の「決まりごと」だったのかもしれない。途中にどんなややこしい事態が起こっていようが、最後には必ず正義の味方が悪人たちをみんなやっつけ、「めでたしめでたし、これでお終い」になり、よかったなあと安心して映画館を後に家路につくことができたのだ。

幼い頃に見た「新諸国物語」シリーズは三部作、四部作、五部作のものがあり、完結編までの各部では主人公が危機に陥ったところで「終」が出るが、また次を見たくなるように作られている。そして完結編では、月形龍之介や吉田義夫は最期をとげ、主人公を助けた謎の剣士の正体が実は主人公のお兄さんや将軍様の弟だったとわかり、「へえ、そうやったんか」とすっきりして大団円になるというわけだ。

「快傑黒頭巾」シリーズでは、ラストで黒頭巾の正体が勤皇の志士・山鹿弦一郎であることが世間にわかる。それでも何故かラストシーンではわざわざ黒頭巾スタイルに戻って、白馬にまたがって去ってゆくのだ。「もう正体がわかっているのになんで覆面するのやろ?」という疑問を抱かせないところが大友柳太朗いや東映のパワーだったのかもしれない。

「遠山の金さん」、「旗本退屈男」、「水戸黄門」、「清水の次郎長」などの人気シリーズでは、ラストでは見事に謎の事件が解決し、悪家老の陰謀があばかれ、将軍暗殺が未然に防げて、悪いやくざ一家が退治されたりして、大団円を迎える。そして松並木の街道を去っていく金さん、退屈男、黄門さま一行、次郎長一家を、みんな総出で手を振ってお見送りしているのが、ラストシーンのお決まりだった。この場合、たいがいは明るい青空が広がる真昼間だったなあ。悪人たちをやっつけるクライマックスは夜が多くて、画面が一転してパアーと明るくなって大団円というパターンが、僕らに解放感を与えてくれたのだろう。そうそう「忠臣蔵」映画のラストシーンは、吉良上野介の首級を槍の穂先にくくりつけた四十七士の凱旋パレードに江戸の朝日がキラキラと、というのを何回も見た。

しかし内田吐夢監督の『宮本武蔵』(五部作)のラストはちょっと違っていた。剣の道に苦悩する武蔵の独白やギラギラした顔のアップに、たたきつけるような「終」の字幕が印象に残っている。『十三人の刺客』では主役の片岡千恵蔵まで殺され、恐怖に発狂したかのような侍が、ケタケタと笑いながら泥田の中でのたうち回っているラストシーンが強烈だった。このように必ずしも大団円ではおさまりきらない現実社会の反映がチャンバラ映画を変えてゆくことになるのだ。

というラストシーンの話をもって、長々と書いてきた僕の「チャンバラ映画私史」も大団円を迎え、「めでたしめでたし、これでお終い」。

第3章

素浪人の京都そぞろ歩き

大極殿遺跡

千本丸太町の北西角の小さな公園に「大極殿遺跡」の石碑がある。お互いの若い頃から、親しくおつき合いいただいている考古学者の山田邦和先生のご指導によれば、「大極殿は大内裏朝堂院の北端中央にあって高御座が置かれさまざまな儀式が行われた、言わば平安宮の中心」とのこと。春には満開の桜に包まれるこの史跡をスケッチしながら、幼い頃から親しんだチャンバラ映画の世界と歴史の間に立つ面白さを味わっている僕自身に気づいた。

壬生界隈

四条大宮から西へ歩くと、坊城通がある。かつてここは壬生村と呼ばれていたが、幕末動乱期に新選組の最初の屯営地が置かれたことで一躍有名になった。屯所跡である八木邸、旧前川邸だけでなく、壬生寺や新徳寺などが建つこの界隈には、今も150年前の雰囲気が漂っている。新選組が登場する映画の歴史舞台ではあるが、ここでロケーションされることはあまりないようだ。新選組隊士が出入するたびに、名物屯所餅が映るのは困るからかな。

本能寺

河原町御池の西南、ビルの谷間にひっそり建つ本能寺。しかし1582年（天正10年）6月2日未明に起こった日本史上の一大事件の現場はここではない。当時は四条西洞院に建っていたが、事変で燃え落ちた後に秀吉がこの地へ移転再建した。「光秀がなぜ信長を討ったのか」は歴史ミステリーとして興味をそそられ、2020年大河ドラマではついに光秀が主人公となる。きっと観光客がさらに増えることだろうし、スケッチするなら今のうちかな。

東本願寺

京都駅から烏丸通を北へ向かうと、東本願寺に出会う。昔は旅から帰ってきた時、列車が京都駅へ着いてまず目に入るこの大伽藍で一安心したものだと先輩文士たちがよく書いていた。これも京都のもつ歴史的景観の重要性だったのだろう。しかしその東本願寺を北側からスケッチする場合、御影堂門の横にどうしても京都タワーが入ってしまう。どうも現代建築が苦手な僕、関係各位になんの了解もなく撤去させてもらったこと、お許しあれ。

二条公園

チャンバラ映画と歴史ロマンの間をさまよう僕にとって、二条城は重要なポイントの一つに間違いないが、この周辺は散歩道としても気に入っている。とくに四季折々の風情が楽しめる二条公園で、樹々の彩りの下、ベンチに座っていると、古い恋愛映画の数々のシーンを思い出して柄にもなくロマンチックな気分にひたれる。若い頃のデートコースであったことも関係しているのだろうが、スケッチブックさえあれば、飽きることはまったくない。

中川

京都市街を抜けて北へ走る周山街道。162号線という国道名がついているが、周山という響きの方が好きだ。丹波路を領した教養人の明智光秀が、中国史の周の故事にならって命名したらしい。街道沿いの高雄・槇尾・栂尾を通り抜け、北山杉の里・中川まで来て清滝川をスケッチした。ここは川端康成の名作『古都』の舞台としても有名だ。何度か映画化されたが、僕らの世代にはヒロイン二役を岩下志麻が演じた中村登監督作品が印象深い。

小野郷

中川をさらに北上して小野郷へ。『源氏物語』に登場する落葉姫が祭られている岩戸落葉神社の大銀杏は、黄色い絨毯を敷き詰めたような落葉がその名に恥じない。この小野郷の「郷」という言葉に心魅かれる。清流が育てる天然の恵み、それに共生する人々の営みが「郷」を創り出したのだ。故郷、帰郷、郷土、郷愁、桃源郷、理想郷など、この漢字には文学的香りが漂う。ジャン・ギャバン主演の古いフランス映画『望郷』も僕には忘れ難い。

大森の里

小野郷から清滝川の源流をたどって北に向った。ここは平安前期の承和の変に登場する文徳天皇の皇子で不遇に一生を終えた惟喬親王の終焉の地であり、その名も大森の里。ひょっとしたら僕はここの出身で、世が世ならば奥女中や下女中にかしずかれ「マロはタコ焼きが食べたいぞよ」などとわがままを言って暮らしていたかもしれない。そんな白日夢に包まれながら、スケッチしているアホな男の後方には、桟敷ヶ岳が静かに控えていた。

京北町

戊辰戦争時に京北町から出征した山国隊のことは、司馬遼太郎の『街道をゆく／洛北諸道』に書いてある。この山国隊が時代祭の先頭をゆく維新勤皇鼓笛隊の起源らしい。日本映画の父と言われるマキノ省三は、この山国隊副部隊長の二男として生まれた。マキノ映画からチャンバラ映画の系譜が始まっていることを考えると、「ピーヒャラ、ドンドコドン」の響きは、近代日本の黎明を告げると同時に、時代劇映画にとっての前奏曲とも思える。

常照皇寺

京北町からさらに足を延ばすと桜の美しい常照皇寺がある。若い頃、妻と二人でバスを乗り継いで来たことがあった。この石段で妻の作ったおむすびをほおばっている僕らの写真が残っている。貧しくても将来に希望を抱いていたあの頃、「何も怖くなかった、ただあなたの優しさが怖かった」。40年ぶりに訪ねたが、互いに齢をとってしまった今も、貧しさは変わらずで、老後に不安もあるけれど、「ただあなたのおむすびが美味かった」。

南禅寺

京都のあちこちには禅宗建築がある。足利幕府が臨済宗各派をランクづけした「京都五山」を描いてみようと思う。まず五山別格に位置づけられる南禅寺では、かの石川五右衛門の「絶景かな、絶景かな」伝説が残る豪壮な三門に挑戦した。しかし天下の大盗賊・石川五右衛門が大見得をきる舞台としてのスケールが表現できない。僕の未熟な絵筆では、せいぜいコソ泥常習犯の砂川三右衛門を登場させるのがやっとのことだと自嘲している。

天龍寺

戦前の皇国史観では逆賊扱いされ、吉川英治『私本太平記』によって人気を取り戻した足利尊氏が、後醍醐天皇の鎮魂のために建立したのは五山第一位・天龍寺だ。学生時代の夏休み、この寺の大広間にゴロンと寝転がってロシア語の教科書を読んでいたのが懐かしい。大伽藍のおかげでエアコンなんかなくても涼しくて、あまりの心地よさにいつの間にか分厚いロシア語辞書は枕に早変わりした。今は観光客が多くて昼寝なんかできない

禅は急げ

相国寺

五山第二位は、京都御所のすぐ北側に立つ相国寺だ。高校時代の放課後、ここまで遊びに来たこともあるが、当時、お隣りの同志社大学では学生運動の激しい内ゲバ抗争があり、立看板には「政治闘争勝利！」の赤ペンキ文字が躍り、スピーカーからは激しいアジ演説が一日中流れていたものだ。あれから半世紀、今やそんな学園風景を思い描くこともできないほどの静寂が漂っている。怒れる若者たちはいったいどこへ行ってしまったのだろう。

建仁寺

京都の繁華街の中心・四条河原町から10分も歩けば、五山第三位の建仁寺に行き着く。華やかな祇園町のすぐそばに臨済宗の開祖・栄西禅師が建てた名刹が存在するのが面白い。「善は急げ」という言葉があり、「良いと思ったことは、すぐに実行せよ」という意味だ。これにならって言えば、「禅は急げ」という場合、すぐに行ける建仁寺はありがたいし、もしも腹が減ってもここからなら祇園の料亭が近いので、「膳は急げ」という場合にも便利だ。

禅は急げ

東福寺

五山第四位にあげられる東福寺は、紅葉の名所として秋には観光客の行列ができる。とくに通天橋は有名で、時代劇ロケ地として使われ『鬼平犯科帳』のエンドタイトルにも登場する。しかしへそ曲がりの僕、通天橋自体を描くよりも、そんな通天橋を眺められる臥雲橋をスケッチする方が多いような気がする。そうそう五山第五位の万寿寺は、東福寺塔頭のひとつであり、帰路に立ち寄れば、「京都五山」をすべて制覇したことになるわけだ。

蘆山寺

王朝文学の金字塔『源氏物語』を書いた紫式部ゆかりの蘆山寺は、僕が通っていた高校のすぐ近所なのに、門内に入ったのは今回が初めて。だいたい高校時代は古典が苦手で試験ではコテンコテンにやられた。その時の恩師・水川先生の授業で印象深いのは、「いつか『源氏物語』の口語訳「水川源氏」を世に出すぞ！」と言っておられたことだ。先日、河原町通でバッタリお会いしたが、今は漱石論に取り組んでおられ、近著を贈ってもらった。

泉涌寺

紫式部のライバルとも言われる清少納言の『枕草子』は、エッセイ文学のルーツ。スケッチエッセイストを騙っていながらきちんと読んでいないので恥ずかしい。せめて清少納言が晩年を過ごしたと伝えられる月輪山荘に近い所縁から、『百人一首』の「夜をこめて鳥のそらねははかるとも……」の歌碑が建つ泉涌寺をスケッチしておくことにした。ここには世界の三大美人（誰がランク付したのか知らないが）の一人・楊貴妃観音像もある。

小野随心院

楊貴妃、クレオパトラと並ぶ絶世の美女・小野小町は、『古今和歌集』の六歌仙唯一の女流歌人として名が高い。しかし生年没年もわからず、その生涯は伝説に包まれているらしい。この随心院は小野小町由来のお寺で、僕のお気に入りスケッチポイントである本堂裏には「小町文塚」という五輪塔が建つ。ここには小町に寄せられた千通の手紙が埋められており、ここで祈ると恋文や文章が上手くなると言われている。よおっし、僕も拝むぞ！

十輪寺

平安期の女性ばかり取り上げたので、美女の次は美男子の代表として、在原業平のことを書いておこう。この人も六歌仙の一人で、かつ『伊勢物語』の主人公であり、『源氏物語』光源氏のモデルとも言われる。洛西善峯道にある十輪寺は、業平が晩年に隠棲したお寺で、「業平寺」とも呼ばれる。平安の都で浮名を流した業平は、恋に疲れて洛西の山里へ移り棲んだのかなあ。別に恋に疲れたわけではないが、僕も大原野に閑居している。

洛西／竹林の道

僕が現在住んでいるのは京都市の西のはずれ、50年ほど前は一面竹藪に覆われた土地だったらしい。諸説ある『竹取物語』ゆかりの地の一つで、こんな竹林の中の道も僕の散歩コースだが、「不法投棄禁止」の警告看板を時々見かけることがある。ひょっとしたらかぐや姫もこのあたりの竹林に「不法投棄」された捨て子だったのではないか、という新説を突然に思いついたが、「典雅な王朝ロマンを汚す不届き者め！」と叱られるかもしれない。

本坊

司馬遼太郎『街道をゆく』第34巻には「大徳寺散歩」が入っている。同じようなタイトルを使うようで、恐れ多いことだが僕も学生時代から好んで散歩していた古刹の一つだから許してもらいたい。僕がとくに大徳寺を好むのは、常緑樹が多いせいで、山内全体に花見や紅葉見物の観光客が比較的少ないからかもしれない。この本坊には有名な日暮門（唐門）もあるが、スケッチできる場所ではないので、今日のところは表門で我慢しておいた。

総見院

大徳寺が世に知られたのは、鎌倉時代末期の臨済禅の拠点であると同時に、室町時代に広まった茶道の本山としてであった。とりわけ安土・桃山時代の武将たちとのつながりが興味深い。この総見院は言うまでもなく、織田信長の菩提寺だ。豊臣秀吉が信長の一周忌法要で建てた寺で、「信長公廟所」の石碑もある。しかし信長くらいの超有名人物の場合、墓所そのものが多数あるし、戒名ですら「総見寺殿泰厳大居士」の他にも複数あるのだ。

高桐院

大徳寺山内にある20ほどの塔頭のうちで、僕が若い頃から一番数多く拝観(?・)したのは、この高桐院ではないだろうか。他の塔頭から少し離れた奥まったところに建つのも好ましいし、門をくぐってから続く参道の敷石も情緒がある。客殿縁側から樹々が影を伸ばす苔の庭を眺めてボケーと過ごすひとときがたまらない。庭の西側には、この寺を創建した細川忠興とその妻ガラシャの墓もある。その墓塔は千利休愛蔵の灯篭と言われている。

三玄院

秀吉死後、細川忠興たちと対立し、関ヶ原前哨戦で大阪玉造にあった細川屋敷を炎上させ、結果としてガラシャ夫人を死に追いやった石田三成。この三玄院は三成が創建し、やがて関ヶ原の戦いの後に刑死した三成を沢庵宗彭が埋葬したことから墓所はここにある。沢庵宗彭は吉川英治『宮本武蔵』で武蔵の人生の師として描かれているが、その真偽は定かでない。ただ大徳寺住持を勤めたことと沢庵漬けを世に普及させたことは間違いない。

梶井門

大徳寺南東に開かずの門がある。いつも前を通っていたが、これが「梶井門」と言う名の由緒ある門だと知ったのは、つい数年前のことだった。もともとはここに梶井御所と呼ばれる寺があり、その門が残っているとのことらしい。しかもこの梶井御所が大原へ移されて、現在の三千院になったというから驚きだ。その由緒を知った後で、梶井門を西側からスケッチしたからか、木漏れ日を映す苔むした前庭は、どこか大原三千院を思わせる。

鷹峯街道

協同組合役員を退任し自由人暮らしを始めて3カ月ほど経った頃、あるご縁から洛北鷹峯の老人保健施設へ勤めることになってしまった。鷹峯は若い頃からスケッチブックを抱えて歩いた思い出深い場所だが、片道1時間の通勤は定年後の身にはいささかしんどかった。それでも四季折々異なった風情を見せるこの街道を通勤途上に楽しんだ2年3カ月は、若い同僚たちや個性豊かな地域住人との思い出とともに、僕には忘れ得ぬ日々となった。

光悦寺

学生時代からの鷹峯散策で何度も訪ねたのは光悦寺だ。本阿弥光悦は吉川英治原作『宮本武蔵』にも登場し、狭い剣の道に縛られる武蔵に書道や茶道を通して心と技の一体化を諭す人生の達人として描かれている。そんな光悦を中心に多能・多才な人々が集まった芸術家村がこの鷹峯だった。今も光悦垣に囲まれたいくつもの庵には、それぞれの表現方法で美を探求した江戸初期の文化人たちの息吹が感じられ、僕も絵筆に刺激を与えられた。

源光庵

関ヶ原の戦いの前哨戦ともいうべき伏見城攻防。西軍5万の猛攻から10日間死守した東軍の鳥居元忠は、落城時300名の将士と共に切腹自刃したという。その時の血痕を生々しく残す床板が、曹洞宗の古刹・源光庵の血天井として保存されている。白壁に囲まれて静かにたたずむ源光庵にも、激動の歴史ドラマが秘められているのだ。こんな史的ロマン溢れる風景を、通勤途上の朝な夕なに眺めることができた僕はやっぱり幸せ者なのだろう。

鷹峯ふたとせ

常照寺

吉野太夫ゆかりの常照寺も鷹峯の観光スポットの一つだ。とくにここは桜の名所で、吉野太夫が寄進したという吉野門への桜並木が美しい。内田吐夢監督、中村錦之助主演の『宮本武蔵』の「第三部・一乗寺の決斗」では、劇団俳優座女優の岩崎加根子が吉野太夫を演じていたが、凛としたその美しさは忘れがたい。この吉野太夫に見送られて、吉岡伝七郎との決闘場・三十三間堂へ向かう武蔵を思い浮かべつつ、吉野門をスケッチしてみた。

松野醤油

鷹峯は丹波街道へ抜ける長坂口とも呼ばれ、「京の七口」の一つに数えられていた。鷹ヶ峰、鷲ヶ峰、天ヶ峰の三峰を背にした幾多の文化財に出会えるのが、ふたとせの通勤途上の楽しみであった。豊臣秀吉が京の防備装置として建造した御土居の貴重な一部が残り、江戸初期の幕府薬草園跡、京湯葉やつけもの屋が並ぶ。そして1802年（文化2年）創業の由緒ある松野醤油の前では、ついつい写生帖を引っ張り出したくなるのを我慢したものだ。

下鴨河合神社

『方丈記』の作者・鴨長明は名の示すとおり下鴨神社の禰宜家に生まれた。しかし和歌や音曲に才があったが、この河合神社の社職に就くことができず、やがて挫折と失意から50歳で出家隠棲して『方丈記』を書くことになる。よくスケッチで訪ねる糺の森の木陰に坐して、瀬見の小川を眺めていると、「ゆく河の流れはたえずして……」と語られる長明の無常感が僕にもわかる気がする。河合神社には、方丈の庵が再現されていて面白かった。

日野法界寺

出家して最初に棲んだ大原を経て、長明が還暦前に方丈の庵を結んだ日野の地を訪ねてみた。日野は藤原北家の家系で浄土真宗の開祖・親鸞も日野家出身と言われ、法界寺には親鸞上人誕生地の石碑がある。日野と言えば、足利義政の妻・富子をまず連想する。日本史三大悪女と言われるこの人と聖人・親鸞がご親戚だったとはビックリ。長明の庵跡がある日野山を背景にして法界寺阿弥陀堂をスケッチした。訪れる人も数少ない静かな境内だった。

方丈石

法界寺でスケッチした後、「方丈庵跡」の案内板を探した。民家を抜けて日野山の麓まで行くと、「庵跡まで1000メートル」との看板がある。「1000メートル！」に一瞬怯んだが、折角ここまで来たのだからと歩き出した。ところが道はどんどん急な山道になってゆき、辿り着いた山中深くに、「長明方丈石」という石碑と大きな岩があった。こんな山奥まで登ってきた元気な長明さんが亡くなった62歳は、当時としては「長命」だったのだろう。

吉田神社

『方丈記』から一世紀後に『徒然草』を書いた兼好法師が、本名の卜部でなく江戸時代以降、吉田兼好と呼ばれたのは、吉田神社の神官の家に生まれたからだ。吉田山の東麓で生まれ育った僕にとって、吉田神社は幼い頃からの遊び場であり、小中学校の通学路だったので親しみを感じる。その兼好法師の没年は不明だが、70歳近くまでは確認されているらしい。やはり「長命な長明」に負けず劣らず、きっと「健康な兼好」だったに違いない。

仁和寺

晩年の兼好法師が双ヶ岡に隠棲していたので、『徒然草』にはご近所の「仁和寺のある法師」が出てくるわけだ。この『徒然草』と『方丈記』は、平安期の『枕草子』と並んで日本三大随筆とされる。僕も今の家を改造して一丈（3メートル）四方の書斎を作って、徒然なるままにエッセイを書いて暮らしたい。しかし長明や兼好のような文学的才能に乏しい僕のこと、エッセイストのつもりが「似非エッセイスト」になるのがオチだろうが。

大原野

朝、窓のカーテンを開けると、陽ざしが明るい。スケッチ道具だけを抱えて家を飛び出し、目的地も考えずともかく風の吹くまま、気の向くままに20分ほど歩くと、いつの間にか大原野に来てしまっている。なだらかな西山の稜線を間近に田園風景が豊かに広がるこの地でのスケッチは、時間もお金もかからない。僕が40年近く住む洛西ニュータウンは、今やオールドタウンと言えるが、大原野に隣接しているというだけで、僕には理想郷だ。

大蛇ケ池

大原野でスケッチに夢中になっていて、急にトイレに行きたくなった。若い頃は平気だったが、「男の蛇口」が緩み密閉力が低下したせいか、可及的速やかに開栓しなければ。そんな時に利用するのは「蛇口」からの連想ではないが、大蛇ケ池公園の公衆便所だ。出すものを出して余裕をもつと、大蛇ケ池という恐ろしい名前に似合わぬ優しげな風景が見つかる。大蛇こそ棲んでいないが、道端には「マムシに注意！」の看板が掛かっている。

小畑川

大原野と大蛇ケ池でスケッチを楽しみ、昼過ぎに空腹を覚えて家路につくと、必ず小畑川に行きあたる。この川の東西両岸、四季折々で表情を変える樹々にも趣きがあって、ついつい欲張って「もう1枚」と、スケッチに取り掛かってしまう。たいがいは同じような構図になってしまうものの、性懲りもなく描きたい気分になるのが不思議だ。数えてみたことはないが、僕のスケッチブックには大原野に次いで小畑川を描いた絵が多いようだ。

糺の森

日によっては、スケッチ場所をとくに決めないまま、バスや阪急電車に乗ることもある。そんな時、気の向くままに訪ねるのが、下鴨神社だ。ここには僕のお気に入りの写生スポットのひとつ、糺の森が待っている。神社の朱色の鳥居、小川のせせらぎ、河合神社の古い土塀も絵になるが、糺の森の木立風景は何度描いても飽きがこない。とくに真夏の日中であっても、スケッチの間、熱中症の心配を忘れてしまうほどに木陰が涼しくて心地よい。

府立植物園

同じ木陰とは言え、糺の森は無料だが、府立植物園の木陰には200円の入園料が必要だ。10年くらい前まで、60歳以上は無料だったので、僕は60歳になるのを待ち望んでいたのだが、僕ら団塊世代が60歳になった途端に、非情にも「70歳以上無料」と定められた。おそらくもうしばらくして僕が70歳になる時には、「80歳以上無料」に変えられるのではないかと恐れている。それでも時々、200円払ってでも入園することになっていそうだが。

出雲路橋

若い頃、『橋のない川』という小説を読んだことを思い出した。ところで「橋のない川」が構図的に描きにくいのは、僕の腕が未熟だからかもしれない。自然風景としての川に人為的な橋が架かっている方が、どうして絵として面白く感じるのか不思議に思う。京の町の中心を流れる鴨川にもいくつもの橋があってこそ、趣ある風景として成り立っているではないだろうか。北大路橋詰から南に向いて出雲路橋を描きつつそんなことを考えていた。

荒神橋

僕が通っていた高校の東隣に清荒神というお寺がある。「火の用心」、「災難除け」にご利益あると言われ、荒神口という地名の起源はここにあり、鴨川に架かる橋も荒神橋と名付けられた。1953年（昭和28年）11月、この橋の上で京大学生デモ隊と警官隊が衝突した「荒神橋事件」のことを知っている人は数少ないだろう。このデモ隊の中にいた時のことを聴かせてくれた大学時代の恩師が亡くなってからでも早や10年の歳月が経つのだから。

三条大橋

徳川家康の定めた東海道五十三次の西の起点がこの三条大橋だが、東から来た人にとってはやはり終着点だったのではないだろうか。だから『８９３愚連隊』や『続・男はつらいよ』など、映画のラストシーンとしても使われたのかもしれない。橋の西詰南側には『東海道中膝栗毛』の弥次さん喜多さんの像がある。擬宝珠と木製欄干、そして橋桁にも往時の雰囲気が残り、なかなか絵になる橋なのだが、いざ描いてみると意外に難しかった。

四条大橋

鴨川に架かる橋もひとつひとつそれぞれに特徴があることが、スケッチをしてみるとよくわかる。橋桁や欄干など橋の構造自体がまったく違い、鋼板橋桁の四条大橋はあまり趣きが感じられない。そのせいか周辺の南座やレストラン菊水を描くことはあっても、橋自体をスケッチしたことがなかった。「橋を描くぞ!」と勢い込んだわりには、大正末に建てられたレトロモダン建築の東華菜館に目が移り、橋は「端」に追いやられてしまったかなあ。

七条大橋

小学生時代からの友人サカタニは、本業以外にさまざまな地域・文化事業に取り組む自慢の同級生だ。彼が先頭に立つ運動のひとつに「七條大橋をキレイする会」がある。毎月7日の午前9時、雑巾とバケツを持って駆けつけた有志たちの手で清掃されている。おかげで大正2年に架けられたこの橋が、今もきれいに維持されているわけだ。朝に弱い不精者の僕、せめてもの思いでスケッチするから、サカちゃん、これで堪忍してくれるかな。

大原／三千院

「女ひとり」を歩く男ひとり

デュークエイセスが歌った『女ひとり』が流行ったのは1966年（昭和41年）、僕が夢多き高校生の頃だった。45年も昔のこの歌は、今でも時々聴く機会があるから、きっと名曲の一つになっているのかもしれない。「京都大原三千院、恋に疲れた女がひとり」という最初のフレーズを、僕ら高校生は「京都大原三千円、金を拾った男がニタリ」と替え歌にしていた記憶がある。久しぶりに訪ねた三千院。山門前の風景を北側からスケッチしてみたが、1円のお金を拾うこともなくスケッチブックを抱えた男がひとりであった。

栂ノ尾／高山寺

高雄／神護寺から周山街道をさらに奥に入った栂ノ尾に高山寺がある。高雄も栂ノ尾も紅葉の名所で、晩秋には観光客でいっぱいになる。静かに恋の痛手を癒すかの如き大島紬につづれの帯の似合う美女がひとりくらいはいてもいいのだが、そんな人にはめったに出逢えない。今回こそはと期待しつつスケッチしていたが、たまにのぞきこんでゆくのは観光バスでしゃべり疲れた団体ツアーご一行様ばかり。あきらめて立ち寄ったバス停前の茶店で、美味しいきつねそばをズズッと吸込む男がひとりである。

嵐山／大覚寺

三番目のこの寺もやはり「恋に疲れた女がひとり」なのだから、まあ京都はよう疲れる町なんやなあ。ところでこの歌を最初に聞いた時、「恋に疲れた」を「恋に憑かれた」と勘違いしていた。何やら「狐に憑かれた」みたいな感じだが、高校生の僕にとって恋は憑かれるものだったのかもしれない。中年になり立原正秋の小説を少し読み、還暦を過ぎた今、やっと恋が疲れるものだということが少しだけわかってきたような気もする。とは言え、帰路のバスの窓ガラスに映っているのは、生活に疲れた男がひとりだが。

青蓮院門跡前

今回は拙者・新選組局長の近藤勇が、大人向けの散歩道をご案内しようと存ずる。とは申しても拙者たちが在京したのは文久3年から慶応3年までの5年足らず、京都の町を十分知りつくしたとは言えまい。新選組は京都守護職を務める会津藩お預りの身分であったため、黒谷の会津藩本陣へはたびたび出向くことになった。東山の八坂神社から知恩院前を北へ向かい、青蓮院門跡の大楠木が生茂った坂道を通って黒谷まで歩いた。四季それぞれに趣きを変える千年の都を味わうに相応しい散歩道の一つとして拙者には忘れがたい。

木屋町通

角倉了以によって拓かれた高瀬川が流れるこの木屋町通の周辺には、長州、薩摩、土佐などの西国雄藩の京都藩邸があったため、桂小五郎、武市半平太、坂本龍馬たち尊攘・討幕派リーダーたちの隠れ家も点在していた。春には桜花、夏には柳の緑が美しく映える高瀬川の水を血で染めて、幾度となく斬り合うこともあった。元治元年の祇園祭の宵山に、尊攘浪士を多数斬った池田屋は三条木屋町を少し西に入った一角にある。市中警護のためやむを得ぬ仕儀とは申せ、折角の町衆たちの祭礼の夜に無粋なことをしてしまったものだ。

寺町通

新選組と言えども、四六時中、尊攘・討幕浪士を追いかけまわしていたわけではない。時には歳さんや総司たちと連れ立ってこっそり寺町通を歩いたこともある。ここには豊臣秀吉が集めた寺院だけでなく、仏具屋、骨董屋、茶道具屋などが軒を連ね、拙者たちの目を楽しませてくれた。柄にもなく俳句を嗜む歳さんは古書店で俳諧本をのぞき、総司は江戸の姉さんに贈る京下駄を選んだりしていた。拙者は愛刀虎徹に勝るような名刀の掘出し物がないか物色したりする、そんな寺町散策が秘かな息抜きのひとときだったのかなあ。

祇園町

思えば京都で過ごした日々が拙者たちにとってはかけがえのない青春だったのかもしれない。拙者とてまだ若かったので華やかな祇園町に憧れてはいたが、鴨川以東はどちらかと言えば長州贔屓の店が多かったようで、新選組が近づくと嫌な顔をされたり「いちげんさんは、お断りしてるんどすえ」などと玄関払いをくらったりもした。そんなこともあって壬生の屯所に近い島原の方へ足が向いたのだろうか。いや実を言えば、島原には深雪大夫というちょっと関わりあるイイ女がおり……いやいや、そんな話は「また近藤！」

大原

いま僕が住む洛西／大原野と、三千院や寂光院のある洛北／大原とを混同されることがよくある。京都市の南西と北東の逆方向にあたるが、僕は大原へもよく出かける。静かな山里で心豊かな一日を過ごした証しは、いつもスケッチブックだけだ。そんな僕の習性を知り尽くしている妻は土産を期待したりはしないが、僕も時にはスケッチブックに添えて何か土産をと思わなくはない。一度だけ「しば漬け」を買って帰ったことがある。ちょうど司馬遼太郎の小説を愛読し「司馬漬け」になっていた頃のことだった。

聖護院

僕が生まれ育った黒谷（金戒光明寺）の高麗門を西へ向かって下ったあたりに、天台宗の聖護院門跡がある。京都銘菓の聖護院八ッ橋がこの地で創業されたのは１６８９年（元禄2年）と書いてあるから、芭蕉が「奥の細道」の旅に出発した年であった。その少し前に黒谷に葬られた近世箏曲の開祖・八橋検校に因んで琴の形のお菓子を作ったのが由来とのことである。幼い頃から、祖母に手をひかれて何度となくこの道を通ったが、八ッ橋を買ってもらった記憶はない。ただ八ッ橋のシナモンの香りには今も郷愁をそそられる。

上賀茂

賀茂別雷神社といういかめしい正式名をもつ上賀茂神社。その東を流れる明神川と土塀の社家をスケッチした。神社の西にある神馬堂の焼き餅が有名で、土産に買おうと立ち寄っても午後遅くに行くと「本日は売切れ」とのつれない貼紙で、なかなか手に入らない。今日こそはとスケッチを早めに切り上げ、昼過ぎに気負い込んでお店へ駆けつけたが、「ほんの少し前に売切れました」とのこと。そんな僕の目の前を美味しそうな焼き餅を持ち帰るお客に、僕は思わずヤキモチを焼いてしまうほどだった。

宇治

スケッチしながら、1184年（寿永3年）の宇治川の合戦を思い浮かべてみた。平氏を追って京を制圧した木曽義仲軍と頼朝の命を受けた義経軍が激突した源氏同士骨肉の戦いである。義経軍の佐々木四郎高綱と梶原源太景季が先陣を争った話を、まるで見てきたように活き活きと話して聴かせてくれたのは僕の祖母だった。宇治川中洲には「先陣の碑」がちゃんと残っている。宇治は銘茶どころとあって店舗が軒を連ね、土産を買わない僕に旨いお茶を試飲させてくれた。というわけで今回のエッセイも古い歴史話でお茶をにごしておく次第である。

解説　～同世代人としての共感～

帝京大学文学部教授　筒井　清忠

著者は1949年のお生まれで私は1948年生まれですから、同世代だけに本書は楽しく読ませていただきました。著者は京都、私は九州の大分というふうにずいぶん離れた場所で育ち生活していたのにもかかわらず、ほとんど同じような映画を見、またテレビを見て大きくなっていたんですから当然と言えば当然なのですが、共通点の多さに改めて驚かされました。

すなわち新諸国物語シリーズ（やっぱり「しんしょこくものがたり」の意味がわからなかったんですね）の「笛吹童子」や「紅孔雀」に始まり「赤穂浪士」、「忠臣蔵」はたまた「任侠清水港」、「任侠東海道」といった東映のオールスター時代劇を好んで見、次にテレビの放送が始まると「風小僧」、「琴姫七変化」などの時代劇をやはり喜んで見ていたわけですね。「幕末物語・坂本龍馬」や「織田信長」、「高杉晋作」などもよく見ていたのですが、これらを知る人も少なくなったと思います。また中島貞夫監督がこれらの作品のいくつかを作っておられたことが本書に書かれているのも嬉しいことです。

その後、テレビでは「新選組始末記」、「新選組血風録」、「燃えよ剣」など新選組ものが大いに好まれたことが書かれていますが私も傾倒したものでした。中でも新選組に興味を持たれた契機が「新選組始末記」であったことが書かれていますが、私も同じで、それどころか複雑な幕末維新史の経緯をはじめてこのドラマを通じて知ったのでした。「新選組血風録」の方が有名で、一部しか残っていないこちらが忘れられがちなのが残念です。戸浦六宏の土方歳三のよさが語られていますが、中村竹弥（近藤勇）・明智十三郎（沖田総司）・山岡徹也（原田左之助）・芥川隆行（ナレーション）らの魅力を覚えている人ももう少ないことでしょうね。

テレビを中心に西部劇ブームが訪れると私などはずいぶん西部劇も見たものですが、著者はそれほどではないようで、時代劇に忠誠を尽されたのは立派ですね。

また大学生になると鶴田浩二・高倉健・藤純子らの任侠映画を私は随分見たものですが、これも著者はそれほどではなかったようですね。任侠映画を時代劇と同じものと見るか質的に違うものと見るかは以前中島監督が「時代劇は死なず」を作られた時にも議論になったようですが、ミクロに言えば確かに違いますが、マクロに言えば共通性が高いと言うことでしょうか。

ミクロによる違いと言うのは、任侠映画の場合は長谷川伸など股旅ものから発出したものが多いのですが、時代劇の場合はそれは一ジャンルであってやはり武士を基軸にしたものや講談を基盤にしたものの方が多い点などから違うわけですね。でもマクロに言えば過去の日本人の生活・文化への郷愁や愛着を根幹としているという点では一致しているわけです。そして、任侠映画の様々な優れた技法はそれ以前の時代劇が存在していればこそであることが忘れられてはならないと思います。

ともあれ、こうした時代劇への愛着は「快傑黒頭巾」の「かいけつ」の語へのこだわりなど本書の細かい点へのこだわりとなっているのも楽しく感じられました。

こうした形で圧倒的に時代劇に影響受けて成長した私たちのことを、著者はとても幸福な存在だと書かれていますが、私も全く同じ感慨を抱きました。人間というのは突然宇宙から降って湧いてくるものではなく歴史と文化を背負って生まれて来るものです。そして、その自覚が早いほど自分自身が何かをくっきりと築きあげることができるものだと思います。もしそうした過去の何かへの反発が起きる場合ですら、それはそうした歴史と文化への深い自覚から生まれてくるのであり、それなしには反発も根無し草のままに終わると思います。その意味で時代劇の恩恵は限りがなく、それが乏しくなった歴史意識の希薄な時代を生きて行く日本人のこれからが心配になるのです。

　ともあれ、そうした著者の過去に対する郷愁が、優れた時代劇作品を産んだ京都の景色と一体となって鮮やかなスケッチ集となった本書は京都生まれでなければ書けない豊かな著作となっています。

　また中島監督の書かれた文章も昔の東映時代劇らしさが満喫していてとても懐かしく嬉しく感じました。あの作品もこの作品も中島監督らがこのようにして作られたのかと改めて感謝の念をこめて思い出されたのです。その意味で全体として本書は京都の幸せな時代の幸せな記録として意義深く残るものと思われます。多くの人に読んでもらいたいお勧めの書物です。

あとがき

いつの頃からかスケッチブックをもってウロウロする習癖が身についていました。先日、押入を整理していて、一枚のスケッチ画を見つけました。中学生の時に描いたもので、水彩絵具をコテコテに塗りたくった真如堂の絵です。おそらく僕が屋外でスケッチしようと思ってまず向かったのが、すぐ近所で生まれ育ち、幼い頃から遊び慣れていた真如堂だったのでしょう。それ以降、気が向いた時、この真如堂を中心に黒谷や吉田山へ絵描き道具をもってスケッチに行きましたから、少しエラそうに言えば、ここが僕の風景スケッチの出発点だったのかも知れません。

そんな僕のふるさと真如堂が京都映画史にとって重要な場所であることを、恥ずかしいことながら、２００８年の「京都映画１００年記念行事」までは全く知りませんでした。この記念イベントに中心的役割を果たされた中島貞夫監督と、たまたま仕事の関係で親しくお話をする機会を得て、真如堂で行われた記念碑除幕式にも呼んでいただきました。そして懐かしい真如堂本堂前の池の畔に建てられた記念碑には、僕の名前まで刻んでもらいました。

中島貞夫監督は言うまでもなく、日本映画界の代表的監督のお一人で、今日まで60本以上の監督作品を残してこられました。中島監督が東京大学卒業後、東映京都撮影所へ入られたのが１９５９年、その頃10歳の僕は祖母に連れられて観た東映チャンバラ映画に夢中になっていました。中島監督と時々お会いして、その頃の懐かしい映画の思い出を語り合ったり、映画づくりの難しさや面白さについてお話をうかがう機会を得たことはとても幸運なことでした。

本書は中島監督とのそんな楽しい時間から生まれ、僕の拙いスケッチ画やエッセイを世間に出してやろうという中島監督の思いやりが結実したものです。本書第1部では映画に所縁ある場所での僕のスケッチとエッセイに添って、中島監督が京都映画史やロケーションの思い出など貴重なお話を聴かせていただきました。また第2部では少し以前に京都エッセイストクラブの会報誌に連載していたチャンバラ映画についての僕の思い出話、第3部では折々に描いた京都スケッチと駄洒落文をもって、便乗させていただいた次第です。

折から時代劇映画の再生をめざして新作映画にお取り組みのご多忙の中を、浅学菲才の僕に過分のご厚情を賜りました中島貞夫監督に深甚な感謝を申し上げます。また本書の解説文を快くお引き受けいただきました帝京大学の筒井清忠教授、身近にいていつも貴重なご助言をいただいた岡田榮さん（京都観光おもてなし大使）、原画の整理・保存にお力添えいただいた天保山ギャラリーの高橋健二社長、そして企画段階から編集・出版まで大変お世話になった株式会社かもがわ出版の湯浅俊彦さん、皆川ともえさんに厚くお礼申し上げます。どうもありがとうございました。

最後に水彩画だけでなく、映画・文学・音楽などさまざまな芸術分野に関わる知的刺激を日頃から与えていただいた川浪進先生・春香さんご夫妻、僕の気ままなスケッチ散策につき合ってくれたわが妻に感謝していることを申し添えるものです。

２０１８年9月　　大森　俊次

【初出一覧】

●第2章
チャンバラ映画私史　京都エッセイストクラブ月報「チャイチャイ」2011年11月〜2012年8月
続チャンバラ映画私史　京都エッセイストクラブ月報「チャイチャイ」2013年7月〜2014年6月
続々チャンバラ映画私史　京都エッセイストクラブ月報「チャイチャイ」2015年3月〜同年12月
●第3章
チャンバラと歴史の間で　京都医療生協機関誌「つくる健康」2016年10月〜2018年1月
「女ひとり」を歩く男ひとり　北九州医協会報「すこやか」2012年1月
大人の散歩道　北九州医協会報「すこやか」2014年1月
京の土産に添えて　北九州医協会報「すこやか」2015年1月

【著者略歴】

大森　俊次（おおもり・しゅんじ）

1949年、京都市に生まれる。鴨沂高校在学中より、浅井忠が創設した関西美術院でデッサンを学び、京都市立芸術大学を受験するが入学できず。大阪経済大学を妻の稼ぎのおかげで卒業。商社や協同組合事務局勤務の傍ら水彩スケッチを続け、定年退職後、自由人に憧れつつも果たせぬまま、今も勤め人とスケッチエッセイストの二足わらじ暮らしを続けている。著書に『スケッチブックの向こうに〜僕の旅エッセイ』がある。

中島　貞夫（なかじま・さだお）

1934年、千葉県出身。東京大学文学部卒業後、東映に入社。マキノ雅弘監督らのもとで助監督を務め、1964年、「くノ一忍法」で監督デビュー以降、「日本暗殺秘録」、「木枯し紋次郎」、「真田幸村の謀略」、「日本の首領シリーズ」、「序の舞」、「極道の妻たちシリーズ」など60本以上の映画を監督し、多数の受賞歴あり。京都国際映画祭実行委員会名誉会長、京都市地域文化功労者表彰受賞。最新作「多十郎殉愛記」が公開予定。

中島貞夫監督と歩く

京都シネマスケッチ紀行

2018年9月15日　初版発行

著　者—© 大森　俊次
発行者—竹村 正治
監　修—天保山ギャラリー
発行所—株式会社かもがわ出版
〒602-8119　京都市上京区出水通堀川西入亀屋町321
営業　TEL：075-432-2868　FAX：075-432-2869
振替　01010-5-12436
編集　TEL：075-432-2934　FAX：075-417-2114

印刷—シナノ書籍印刷株式会社

ISBN　978-4-7803-0975-1　C0074　　JASRAC　出　1809642-801